¡PRESENTE!

LATIN@ IMMIGRANT VOICES IN THE STRUGGLE FOR RACIAL JUSTICE
VOCES DE INMIGRANTES LATIN@S EN LA LUCHA POR LA JUSTICIA RACIAL

D1005521

Presente!: Latin@ Immigrant Voices in the Struggle for Racial Justice

¡Presente!: Voces de Inmigrantes Latin@s en la Lucha por la Justicia Racial

© 2014 Cristina Tzintzún, Carlos Pérez de Alejo, and Arnulfo Manríquez.
This edition © 2014 Special thanks to Luigi Celentano for Spanish language proofing and copyediting.

ISBN:978-1-84935-166-9 | eBook ISBN: 978-1-84935-167-6
Library of Congress Control Number: 2013945491

AK Press	AK Press
370 Ryan Ave. #100	PO Box 12766
Chico, CA 95973	Edinburgh EH8 9YE
USA	Scotland
www.akpress.org	www.akuk.com
akpress@akpress.org	ak@akedin.demon.co.uk

The above addresses would be delighted to provide you with the latest AK Press distribution catalog, which features the several thousand books, pamphlets, zines, audio and video products, and stylish apparel published and/or distributed by AK Press. Alternatively, visit our websites for the complete catalog, latest news, and secure ordering.

Cover illustration and concept by Ernesto Yerena | hechoconganas.com
Interior images by Jesus Barraza | DignidadRebelde.com
Interior layout by Suzanne Shaffer

¡PRESENTE!

LATIN@ IMMIGRANT VOICES IN THE STRUGGLE FOR RACIAL JUSTICE

VOCES DE INMIGRANTES LATIN@S EN LA LUCHA POR LA JUSTICIA RACIAL

Edited by Cristina Tzintzún,
Carlos Pérez de Alejo, & Arnulfo Manríquez

¡PRESENTE!
IN ENGLISH

Read in Spanish starting on page 158.

Table of Contents

Preface

Juan González

Between March and May of 2006, an estimated three to five million people, most of them Latin@s, filled the downtown streets of some 160 US towns and cities in the largest series of mass protests the nation had ever seen.

Not even during the heyday of the American labor movement in the 1930s or during the high tide of civil rights protests and public opposition to the Vietnam War during the 1960s, had such astonishing numbers paraded peacefully in so many different localities over a common grievance. Never before had a group at the margins of US society taken our political establishment by such complete surprise.

The immigrant rights protests of 2006 began as an attempt to stop the infamous Sensenbrenner bill, which aimed to criminalize undocumented immigrants and anyone who provided them help or public services. The protests marked a rare example of an outcast group suddenly rising up and forcing the majority to rethink accepted notions of democratic and human rights. They forced the mainstream media and ordinary Americans to confront one of the thorniest moral issues our nation faces in the twenty-first century: what to do about millions of undocumented immigrants who have settled here over the past few decades, performing the lowest-paid work with very little legal protection. Unfortunately, information on the immigration debate has been largely dominated by people at the top of our society, given the propensity of the media to showcase the sound bites and pronouncements of those with power and money. This book offers you a very different perspective. It gives voice to the immigrants themselves and to their grassroots leaders who quietly built an astonishing social justice movement without any attention or recognition from the media.

As a professional journalist for thirty-five years, I've been acutely aware of the extraordinary role news media play in creating the memory bank of any nation. Newspapers, after all, have often been called the first draft of history. The incidents the media choose to report, their interpretation of events, inevitably serve as raw material that is then mined by scholars, who come decades or centuries later to chisel more comprehensive historical accounts.

This book is the first serious attempt to document the origins and evolution of a pivotal movement in US history from the perspective of the actual participants in that movement.

For most of the 2006 Mega Marches participants, it was their first act of social protest, one that would permanently alter the way they viewed the world. Just as the 1963 March on Washington defined the outlook of many black Americans, and just as the college rebellions of 1968 shaped the thinking of a generation of white

Americans, so did these protests represent a political coming of age for the nation's Hispanic minority.

These were not simply gatherings of the undocumented, however. Hundreds of thousands of Latin@s who had been born in the United States or become naturalized citizens, or who were longtime legal residents, also participated. And leading the way in virtually every protest were startling numbers of US-born Hispanic high school and college students, many of them facing the prospect of being separated from their immigrant parents who could end up being deported.

All shared the same burning sense of outrage. All were fed up with the mainstream media's reigning stereotype that depicted hordes of Latin@s and undocumented workers as a new menace engulfing the country.

How did scores of little-known Latin@ activists manage to organize such unprecedented nationwide protests even though they were scattered across the country, possessed few financial resources, and had to overcome stiff opposition to their tactics from their allies in the political establishment? To fully comprehend their historic accomplishment, one must first dispel the notion that the leaders of the Mega Marches were some ragtag collection of inexperienced community activists or that Washington's liberal politicians and union leaders orchestrated their moves. In reality, the Mega Marches represented the culmination of grassroots political organizing by three generations of Latin@ leaders—the oldest being the veterans of the Chicano and Puerto Rican nationalist upsurges of the 1960s and 1970s, the second being the leaders of the former Central American Sanctuary and amnesty movements of the 1980s, and the youngest being those who had organized against California's Proposition 187 in the 1990s.

Many of the young people who now comprise the "DREAMers"[1] were first spurred to action by the protests of 2006, and they now represent the future political leaders of the US Latin@ population. But the immigrant rights movement has always been more than just a fight over "legalization." Given our country's history as both an immigrant nation and an imperial power in the world, the movement has been, above all, a fight over the future course of the nation itself and of our democracy—over who is legitimately in the country, and who will be legitimately allowed to migrate here in the future.

Few observers have yet grasped this broader impact of the modern immigrant rights movements. In my opinion, it effectively marked the end of thirty years of conservative domination over national politics. Six months after the protests erupted in the spring of 2006, Democrats swept control of both houses of Congress, and one of the chief reasons for that historic power shift was the mushrooming Latin@ votes, as millions of US-citizen Latin@s, stirred to anger by the rise of anti-immigrant and anti-Latin@ fervor, suddenly turned out to vote at a record rate. The number of Hispanics casting ballots that November jumped by nearly 1 million over the previous midterm election—from 4.7 million in 2002 to 5.6 million in 2006. And since the Republican Party was most closely associated with the Sensenbrenner bill, the percentage of Latin@s who cast ballots for Republican candidates in the House of Representatives plummeted from 38 to 30 percent.

---

1   DREAMers are undocumented youth, named as such after the DREAM Act (Development Relief and Education for Alien Minors), which is a piece of legislation that would allow qualifying undocumented youth a pathway to citizenship by requiring completion of a college degree or two years of military service.

Then in 2008, Barack Obama, borrowing the fifty-year-old "Yes, We Can" slogan of Cesar Chávez's United Farm Workers union and of the immigrant rights movement, captured the White House. Obama owed his historic victory in no small measure to the overwhelming support he received from Latin@ voters. Some 9.7 million Hispanics cast ballots for president in 2008, 2.1 million more than in 2004, and 67 percent of those voters chose Obama.

The 2012 election showed an even bigger increase of 2.5 million in the number of Latin@ votes, reaching a total of 12.2 million, with an even greater share, 71 percent, favoring Obama over Republican Mitt Romney.

The November 2012 election left little doubt that a major shift was occurring in US politics, one perhaps as far reaching as the infamous "Southern strategy" that Republicans adopted in the late 1960s—a strategy that appealed to racist sentiments of working-class whites in the South to woo those historically Democratic voters into the Republican Party.

All of these events are what brought us to this moment in 2013, when Congress and the entire nation finally began to rewrite federal immigration policy.

In the pages that follow, you will hear the inside account of how we got to this place, from some of those who helped build this historic movement. Each has a fascinating story. The kind of story you will never hear from an immigration reform "advocate" inside Washington's beltway.

They are the kind of stories that remind us how history is made by ordinary people who do extraordinary things.

WE DIDN'T
CROSS THE BORDER
THE BORDER
CROSSED US

SOMOS DE LA TIERRA
Y LA TIERRA NO TIENE FRONTERAS

SECTION I

Our Problems

Introduction

For labor enthusiasts, no period is as important to the history of worker organizing in the US as the 1880s, when hundreds of thousands of people demanded and won the eight-hour day. In large part, immigrant workers, who brought ideas and organizing experiences from their home countries, led the movements that ultimately achieved the eight-hour day, and their efforts did not come without repercussions. In 1886, in what later became known as the Haymarket Riot, eight well-known labor activists were arrested when a bomb exploded at a labor rally in support of the eight-hour workday. Multiple police and civilians were killed and seven of the activists were sentenced to death, despite the lack of evidence linking them to the bombing. Given that most of the accused men were not only German immigrants but also outspoken anarchists, the Haymarket Riot unleashed a wave of anti-immigrant hysteria and police repression of labor activity, anarchist newspapers, and organizers.

Many of the immigrant workers from the 1880s were such capable organizers that they were run out of their home countries, finding refuge and fertile ground to organize in the United States. Industrialization in the US led to the increasing need for workers to fill dangerous, low-wage jobs in the growing number of factories, mines, and railways. Immigrants from Ireland, Italy, Poland, Russia, and Germany, to name a few, filled these positions, experiencing open hostility, discrimination, and abusive working conditions. Under these conditions, and with the agitation of labor organizers, unrest among workers grew. The forces of industrialization not only brought masses of workers into the US, but also skilled organizers that came together and shared their ideas across nationality, language, and culture. This cross-pollination of ideas led to the creation of one of our nation's most vibrant social movements.

Likewise, today many of the best immigrant organizers were forced to flee their home countries due to their organizing efforts with laborers, students, and farm workers. Still others are the product of a globalized economy that exports products and people, leading many migrants with no previous political experience to question the broader political and economic forces that compel them to abandon their country, family, and home. According to a recent report by the faith-based organization, Bread for the World, though only a quarter of Mexico's population live in rural areas, a disproportionate share, 44 percent of Mexico's immigrant population, come from rural areas.[1] These rural migrants leave behind close-knit communities where their families have lived for decades, and in many cases for generations that date back to the pre-Columbian era. Risking their lives to come to a foreign country, laboring in dangerous, low-wage jobs, and facing regular discrimination, has forced migrants by the thousands to develop a deeper understanding of inequality.

---

1   "Mexico United States Migration: Regional and State Overview," Mexico City Consejo Nacional de Población, 2006

Some of Mexico's most popular bands, like Tigres del Norte and El Tri, have written songs documenting the politically transformative role migration plays in developing collective consciousness. Some of Tigres del Norte's most famous songs include "We are More American," "My Two Countries," and "Wetback Three Times." El Trie, with songs like "American Dream" and "Undocumented Race," challenge both the US and Mexican governments for exploiting workers and the poor. These songs have been heard by millions in the US and Latin America, helping connect migrants' experiences to a broader audience.

The best organizers see that injustice is also an opportunity to bring communities together to change the conditions they face. They see that those directly impacted by inequality, when given the right tools and support, are ready to stand up and fight. As Dennis Soriano of the New Orleans Worker Center for Racial Justice stated, "I am no longer the same person that came to this country only to work and help his family. Now I know that if I am going to be in this country and I want to be treated as an equal, I have to fight. No one will come fight for me. I have to do it myself."

In this section you will hear from Pablo Alvarado, a Central American immigrant who survived the brutal civil war of El Salvador and fled to Los Angeles, where he began using his skills as an educator and organizer to help day laborers alter their living and working conditions, first across California and then the country. He later helped found the National Day Laborer Organizing Network (NDLON), which has become one of the most dynamic organization's fighting for undocumented immigrants rights. NDLON has

led the charge in Arizona, where some of the most draconian anti-immigrant laws have been passed.

Migration is often not the lone decision of one individual, but is
forced by decisions at the policy level that exclude the voices of those
most impacted. Mexican president, Carlos Salinas de Gortari, famous-
ly said he wished "to export products not people" with the passage of
the North American Free Trade Agreement (NAFTA) in 1994. The
story of Maria Duque and her family show that NAFTA, far from
reducing immigration, led to the massive migration of hundreds of
thousands of farmers to the US. For Maria and many others, it has also
led to a shifting understanding of inequality and race in the US.

Indigenous migrants have also been particularly impacted, reporting some of the highest migration rates in Mexico. Indigenous
communities in Mexico, often experienced in self-governance, have
become some of the most creative leaders and thinkers in the migration debate. According to Gaspar Rivera Salgado of the Frente Indígena de Organizaciónes Binacíonales/Binational Indigenous Organizations' Front (FIOB), "we need development that makes migration
a choice rather than a necessity...the right to not migrate and migrate,
both rights are part of the same solution.... We have to change the
debate from one in which immigration is presented as a problem to a
debate over rights. The real problem is exploitation." Inspired by the
Right to Stay Home campaign, the FIOB has also looked at how to
develop economic alternatives that encourage self-determination, like
helping establish worker-run cooperatives and investing in the production of fair-trade products that allow indigenous communities to
stay in their native lands. The framework of the Right to Stay Home

has been critical in shifting the debate among labor, indigenous, and human rights groups within Mexico, and has the ability to play a key role in the immigrant rights movement in the US, pushing organizations and advocates to move beyond short-term solutions to long-term structural change that challenges economic and political forces at the root of migration and exploitation.

Elvira Arellano gained recognition when she was ordered for deportation and defiantly took refuge in her Methodist Church with her eight-year-old, US-born son. Her story documents the immigrant rights movement's effort to achieve legalization over the last ten years. Elvira participated in nearly every organizing effort since the late 1990s to ensure undocumented immigrants could gain authorization to work and live in the US without fear of deportation and separation from their family members. Her story highlights the roots of the movement, and the personal impact of Congress' failure to enact immigration reform or protect immigrant workers' rights. Today, she is still organizing to defend the rights of immigrants, including Central Americans who must make the treacherous journey through Mexico to the US.

Immigrants don't just bring food, dress, or cultural customs—many bring with them a rich history of organizing, and each carries their own experience of exploitation and self-reliance, of community and resistance. While divided across borders, many immigrants come to the US and continue to share culture and build a new community of resistance rich with its own traditions. Out of injustice and discrimination, undocumented immigrants are creating a new culture of liberation. This is where our story begins, with the story of three migrants that represent millions.

Why I Struggle
NAFTA and Immigrant Workers' Rights in the US

Maria Duque
WORKERS DEFENSE PROJECT

My name is Maria Duque and I am from San Luís Potosí, Mexico. Where I am from, people lived off the land and grew beans, squash, and corn. That is how my father and grandparents lived, and they lived very well. We grew everything. Before the sun came out at three in the morning, my family would leave for the fields and they would come back at five or six in the evening. In the fields we would care for our crops, and clear out all the weeds. The majority of people in the village worked as farmers and with livestock, because it was a small village and that was the only way to survive. My village is like many other villages, with its church, its central plaza and schools. There were no big stores, not even a clothes store; there was only a traditional market.

In my family there are seven girls. We are a big family. We farmed together as family members and neighbors. We each helped each

other. In my village we were *Ejidatarios*.[1] My father started working
in the fields at a very young age. That was what the young boys would
do in my village, before my generation began to leave to look for
work in the big cities.

My house in the village was small and made of bricks, and a few
rooms were of adobe. It had four rooms and a large plot of land we
used for farming. But our farming land was far away from our home
and we had to walk two hours to get there, although sometimes we
would bike there.

I still remember farming with my family. I remember big bags
of corn, and the squash season, when we would harvest in February
and March. We would take the seeds out of the squash, which was
the only part we could sell. Then there was another type of squash in
March and April. There was also a season for beans—everything had
its own season. One year we would farm one thing, and then the next
we'd plant a different crop, because the soil had to rest. My father and
everyone in the village knew a lot about farming, and everything was
done naturally and organically. I believe my grandfather taught my
father how to farm.

After harvesting, my father would sell his crops. Buyers in big
trucks would come to the house to buy our product, and they paid
well. I remember that with just one harvest we had enough to live for
the whole year. We didn't live like rich people or in luxury, but we were
able to live well, with dignity.

---

1   *Ejidos* are traditional indigenous forms of communal land ownership and man-
     agement. In 1917, Article 27 of the Mexican Constitution returned land to
     communities that used an *ejido* system of land management. NAFTA forced
     the revision of Article 27, allowing the selling of protected *ejido* lands, thus un-
     dermining Mexico's traditional farming communities.

When I say my father would harvest his corn, I am not talking about one or two big bags, but tons of corn. We would have one large room filled with corn. The buyers would select them by looking at the grain on the ears of the corn; they would separate the ears and pick them out.

My father always told us that we had to study to get ahead. He supported us in our studies as his daughters. It didn't matter to him that we were women. But at that time there were more job opportunities. My father always taught us about the importance of education. He said, if you have an education, nobody can take that away from you. If we had an education, a man wouldn't be able to mistreat us; we would be able to get ahead and not depend on anyone. He was always a tough man, very strict.

My mother did not know how to read or write. She learned as an adult through a government program in which new teachers would come to people's houses. They taught indigenous and illiterate people how to read and write. That is how my mother learned at the age of forty. I think my mother understood that there is no correct age to learn. She was our example, and she was so happy when she learned how to write her name. She was a strong person.

Education is very important to me. I used to want to be a military nurse. That was my dream. But I am afraid of blood, so I decided that I wanted to be a news anchor. I always imagined myself on TV reporting the news. I finished middle school and I went to one year of technical school to be a computer secretary. I had to leave my village, because there was no option to study there, or much future. Everything had changed enormously. The peso was devalued and the

North American Free Trade Agreement took effect. The government
promoted NAFTA a lot. I remember the famous image of two hands
shaking. They put these billboards up everywhere in Mexico, "hand in
hand" representing NAFTA. But there were no jobs. So I had to leave
my village to work and study.

I've always said that the famous free trade agreement that President Salinas de Gortari made with the other countries of North
America made us more poor and forgotten. Since NAFTA, everything has been devalued in Mexico because so many cheap products
entered the country. In my village, it became more expensive to
grow our own corn than to buy US corn. People could no longer live
off their harvests: they had to sell it so cheaply that it didn't make
sense. I was fifteen years old when NAFTA was signed, so I was old
enough to understand what was happening. That's when I left my
village. When Salinas finished his term in office, he left the country
in complete misery.

My father was angry. He read a lot and knew what was happening.
He knew it was wrong. He would say what the government was doing
was wrong because the products entering Mexico were not high quality like the corn we produced. Now that I am an adult, I see my father
was right. Mexican corn is very diverse, which leads to higher quality. Yet poor quality corn still entered Mexico and destroyed our own.
In our ignorance, the government and big corporations brainwashed
us, telling us that US corn was better because it was cheaper. Many
people believed that lie, and they destroyed everything. My father was
so angry he didn't know what to do. For several years he didn't grow
anything, and had to sell some of his land. It didn't make sense to work

and lose. Those who were part of the *ejido* had to work their land or they could lose it. My father felt awful.

What Salinas was really doing was sending migrants to the US, not products. I remember, after they signed NAFTA, many people began to migrate. More and more people went to the US because they didn't know where to find work. The majority of people in small villages did not have any way to survive, and this continues affecting families in Mexico to this day. For example, today they are sending US chickens to Mexico, chickens that they grew in three weeks or just a month. The Mexican farmers can't compete with cheap American chicken.

A few years back, they finally let Mexican avocados in to the US, after doing a thousand tests on them to ensure that they were okay. That was after years of promising that they were going to let Mexican avocados in, years after the signing of the free trade agreement.[2] Mexico couldn't export its products to this country, but the US could export to Mexico. It makes me sad that people are still letting themselves be fooled. People need to open their eyes.

There is a really bad song from Paquita la del Barrio that says things like "filthy rat, despicable animal" and every other insult you can imagine. That song is dedicated to Salinas de Gortari. If I could talk to Salinas today, I would say everything that song says. He deserves it. Thanks to him, I am in this country. Thanks to him many people have died in the desert and drowned in the river. I believe the political parties in Mexico don't care about the people—they are only

2   Sara Miller Llana, "Super Bowl Success Story: Mexico's Avocados," *Christian Science Monitor*, January 31, 2009, http://www.csmonitor.com/World/Americas/2009/0131/Super-Bowl-success-story-Mexico-s-avocados. They were not allowed in all fifty states until 2007, thirteen years after the signing of the agreement.

looking out for themselves and really don't care about the people, especially people from the countryside.

The political parties fool people from small villages easily. Sometimes they would come to our village giving blankets away so we would vote for them. They would buy us with a blanket, and then steal from us for years. It's sad. They say such-and-such political party is going to come and give you a small bag of groceries, but all year they leave you without beans and rice because you don't have work. Meanwhile, they take everything and pocket it.

The only ones that benefit from free trade agreements are the rich. I see NAFTA as a way to rob the people. In my opinion, they said "let's rob them in a different way," because politicians have always robbed us. They always want to see poor people repressed; they never want to see them advance, because it isn't beneficial to them.

I don't know how they wrote those free trade agreements, but the way I see it, they should be broken. That is the first step toward equality. If there has to be a free trade agreement, the president or Secretary of Economy shouldn't write it. The farmers should write it. That is where I want to see some leadership. I want to see farmers organize amongst themselves. They should be the ones to make a free trade agreement of their products, not the president, who doesn't know about farming. Who are politicians to make a free trade agreement, when they have never worked? That is how I see it.

When I was a girl, not many people in my village migrated to the US. They didn't migrate because they were able to take care of themselves and make a living from farming. There wasn't a need for people to leave their villages and abandon their families, their homes. There was no reason to. When they signed NAFTA in 1994, people began to migrate. I went to Tampico, while the majority of young men migrated to the US. Many are in Texas and in the Carolinas.

I never thought of coming to the US. It wasn't my dream. I didn't want to come. It didn't even cross my mind. But Salinas had devastated the country. There wasn't food to eat, and there wasn't work. I remember once my husband didn't work for two months. He would go out to the fishing boats and they would pay him in fish; that is all we would eat. With the little I made from working, we would buy some tortillas. I tried to help by selling some of the fish we had, or by washing cars. It was a very sad and degrading way to live. Any job is honorable, but that was not the life I wanted for my newborn child. We lived that way for three years, and the economic situation in Mexico wasn't getting better. It was so difficult to survive, and my son was about to enter school. Sometimes we didn't even have tortillas or milk, much less the ability to buy things for school. So my husband decided he had to go to the US.

After a year in the US, my husband asked if I wanted to come with my son. The year I was alone in Mexico I would go to my father's ranch, but it was hard to be there without work or money. So my husband told me to join him to look for a better life in the US. I came to this country at the age of twenty-three with my five-year-old son.

I risked so much coming with my son. The journey was not easy. You don't know what is happening, you feel so scared and you react to that. People speak to you in a different language, they look at you strangely, and your reaction is to ask yourself, "What am I doing here?" You feel lost, everywhere you turn people are talking at you, everything is different, and people look at you differently. It is an ugly feeling. I still don't feel at home here. I can't get used to it. What I miss are the people of Mexico. I often feel like people here are so cold, every person is in their own world, running here and there, and they don't even stop for a second to say hello. In my village it was different. If you went to my village and asked for the Ortegas, everyone would know where they live, everyone knows each other.

I don't know how my village is today. I want to believe it is like it was before, but I can't because it has been twelve years since I came here. Many people who have come here do not go back to Mexico out of fear of not being able to return to the US. My uncles are no longer farmers; my youngest cousins have had to leave the village to look for work miles away. The only people who still farm are the older people, and they only farm for themselves, because they can no longer sell their crops. That way of life isn't being lost: it already has been. Now it is just a memory. I remember seeing the fields with rows of corn for acres, as far as you could see. The beautiful corn. And when it was sunflower season, you would see the tall sunflowers standing up. But I think if I returned to my village today, I wouldn't see any of this.

My father died recently. It hurts me a lot because I wasn't able to go back to Mexico, because if I went I wouldn't have been able to come back to the US with my kids. I also wasn't able to see my grandmother before she died. They both passed away and I wasn't able to be there with them. I have not gone back out of fear. I feel there is no future in Mexico, and if I go back I won't be able to leave again.

Furthermore, being in this country doesn't mean that exploitation ends. It is the same in Mexico, where they exploit people, and not just farmers. In many areas there is exploitation. Farmers who work hours and hours in the fields, are paid fifty cents a kilo for corn and then the buyers sell it for five pesos a kilo. There is exploitation, but here it is even sadder because many people don't have any place to live, or food, or any place to go to ask for help. In Mexico, even if you are poor, people still help one another, but not here. If you are not able to pay your rent here, you go live under a bridge. Here people are cold. If there is someone needy they don't care. You go home to your own house to sleep and you don't care about other people.

In the US, I have been a victim of workplace exploitation. When I worked in a dry cleaner, they refused to pay me. This is very sad, but the saddest part is that people don't speak up out of fear. So I thank God for the education my father and mother gave me. They were strong people, who taught me not remain silent when I was the victim of exploitation. Even though I was afraid and my employer threatened to call immigration, I did not remain silent. I told myself "I am from Mexico, and if they send me back, I will go there. As long as they don't send me to China, I am not going to be treated like this." There are many others like me. Every day there are cases just like mine, and it makes me sad and angry.

Sometimes, I think it is anger that pushes people to come out of the shadows and stand up for themselves. You need anger so that they don't trample on your dignity, because this is all we have left, our dignity. That is how I became involved in Workers Defense Project (WDP) seven years ago, I was angry and wanted to get my wages back. I ended up serving on the board of directors at WDP. To me, WDP is like an experiment of self-government, and I believe that it does very important work.

We workers live our reality every day. We all want to see change and we don't want to be treated like criminals. We don't want our wages stolen, so we are going to come together to struggle, and we are going to try and change the laws. We are also going to try and win things so that our fellow construction workers can have water and breaks. We will start there. Workers are running things at WDP. Often, organizations are run by attorneys, but they are not living our reality every day. Outside people think it will work for them to give workers training, but in reality they don't know what we need. Workers know their needs and those of other workers.

I believe injustice will never end completely, but if we don't fight it, we won't move forward at all. We have kids and grandkids. If we start fighting now, our kids are going to see how we can change things, and my kids will continue in this struggle so that my grandchildren don't have to suffer what I did.

The community has to unite. For me the most important example is when black people in this country came together and united with Martin Luther King, Jr. That is an example we need to pay attention to. Still many of us are afraid. So the few of us who are not afraid have to invite other people to join the struggle and build a broad vision.

It is not just about some legal documents; I am not going to say they are not important, but to me personally they are not so important. To me, what matters more is understanding that, even if you have your papers, there still will be exploitation. Legal documents aren't going to make people stop mistreating you or not paying you for your work. But if you know your rights, if you organize and ensure that the existing laws are enforced, then that will change the exploitation that we suffer. We as immigrants must unite to change the laws of this country. It will be a challenge but we must unite, and be ready for all the consequences that will come from organizing ourselves.

Another key challenge we face is gaining acceptance from Americans; they need to accept that we are here and aren't leaving. They don't accept us because of racism, because they see us as invaders and criminals. I didn't come to this country to steal from anyone. I came to work, but I still get treated like a criminal. For example, we have a family member who is white and blue-eyed, and here people have treated her well. They speak to her in English and she just laughs because she can't understand anything. But they treat us differently. Those same people would look at us like we were cockroaches. I realized, "Wow! Color does matter a lot here." I have seen how they treat my children and me differently. I have experienced racism, but I am not a person who is intimidated because of that. My children are also dark, and I don't allow them to be intimidated because of that. I always say we should carry ourselves with lots of dignity and continue fighting.

One thing people need to think about in this country is that if immigrants aren't here, then who is going to do the work that rich people don't want to do? Who is going to come clean the streets? They say, "We don't want immigrants because they are criminals," but why don't they grab all of us and toss us back to our country? It is simple, they know where we are—we are not literally hiding in the shadows. But who will sweep, clean, and iron for them? And when they want to, they pay, and when they don't want to, they don't pay you. What the wealthy want is to put more money in their pockets without caring about the impact they have on workers or the community.

The way I see it, immigration papers aren't going to create the change we need. What we really need is to be organized and united even if there is legalization. For me the struggle is not just for some documents or laws. The struggle is to change the way we all live our lives, to change what is happening here, to change how we treat people, in every way. Legalization will not end the injustices we face. We can see this by looking at the history of African Americans in this country: they are legalized, but they still live with racism every day. So what's the point of a few papers? We will always need to be organized, even after legalization, to gain full equality.

No One Is Illegal
The New Sanctuary Movement

Elvira Arellano
NEW SANCTUARY MOVEMENT

I decided to come to the United States in 1997. I came because, in 1994, we suffered an economic crisis in Mexico. The peso was devalued with the grand entrance of the North American Free Trade Agreement (NAFTA). I decided to migrate to the United States in search of more opportunities. What I have now, I would not have been able to achieve in Mexico, which is why I decided to migrate. It was a hard decision. I didn't have anyone. I didn't have any money. A cousin of mine called me and asked me if I wanted to cross and I did, through Mexicali and Calexico. I arrived first to a small city, Salinas, California, a Latin@ community where English wasn't necessary. I first found work taking care of children, after that I worked in a laundromat. I later spent some time in Washington, where my son was born in 1998. When he was one-year-old, I decided to go to Chicago.

This was a very critical time. Mexican president Vicente Fox had recently visited George W. Bush and had discussed possible immigration reform. But after the 9/11 attacks, everything changed and the Latin@ community couldn't do anything. Congress focused on national security and terrorism, and they decided to shut down the border. After 9/11, immigration authorities began conducting raids and investigations at the airport where I worked cleaning planes. On December 10, 2002, I was arrested with more than twelve hundred workers in a federal workplace and placed in a detention center. I tried to think positively when I was in the detention center. I thought, "I have savings. I am going back to Mexico to live with my parents." But I couldn't go.

Later, the judge let me go by signing a *"fianza de palabra."* Among those detained, I was one of two women they let go. Somehow, I was the only one eligible for a presidential pardon, but I said, "No I don't want it. We need to fight for everyone." The media became very interested in our story. After they interviewed me, different organizations and churches began to invite me to share my testimony, and I began participating in the struggle. In 2003, I participated in the "Freedom Ride" to DC, and in 2004 we founded United Families. We started organizing with José López of the Puerto Rican community, and another man whose wife had been deported while she was pregnant, and with Congressman Luís Gutierrez to fight for immigration reform.

In his book, *The Audacity of Hope*, Obama speaks of thirty-five families he met in Chicago, but he does not mention that it was United Families he met, because we were never acceptable enough for him. I met Obama when he was a senator. I supported him and participated in his campaign because, in 2004, he supported giving drivers licenses to the undocumented. Cintia Soto helped us get a meeting with Obama, and there he promised to review the case of the thirty-five families that were impacted by the raids. I had faith in him. I believed he would pass an immigration reform bill. But when he supported the construction of the border wall, we began to see that we could not expect anything from any political party, that they only used us for their purposes. It is sad that he is now looking at reelection and immigration reform has been forgotten.

It is sad what is happening in the United States. What is affecting the Latin@ community more than anything are people like Lou Dobbs, who can reach millions of Anglo Saxons and foment hatred toward our community. It was Lou Dobbs who started calling our children anchor babies.[1] Lou Dobbs has done a lot of harm to mixed-status families with some members born in the US. Many of us migrate when we are young, thinking that the US is a country of opportunities, and there we live our lives and form our families. In our native countries, we didn't have opportunities and had to migrate to the United States simply to live better.

Hate and racism toward our community has been growing. In 2005, when congressman Jim Sensenbrenner proposed the bill HR4437 with the support of the Republican Party, we organized and took the streets to protest it. Under that bill, our children would have to denounce their own undocumented parents, or they would

---

1   According to the *American Heritage Dictionary*, an "anchor baby" is "*Offensive*, Used as a disparaging term for a child born to a non-citizen mother in a country that grants automatic citizenship to children born on its soil, especially when the child's birthplace is thought to have been chosen in order to improve the mother's or other relatives' chances of securing eventual citizenship."

be treated as criminals; my son would have to report me, his mother. We fight against this legislation because it's built on hate. Hate that fuels laws like the ones we have seen in Arizona and Alabama. More than one million people have been deported from the United States in the last several years: fathers, mothers, wives, and husbands. This has impacted the economy of the country, and the families that suffer instability, losing the few items they have acquired, along with their family members.

We need better self-organization to confront all the racist and xenophobic laws in this country. It's important to fight and protest. If we don't fight, we will have more racist people like Sheriff Arpaio and more racist laws like 287g, which hadn't been enforced under President Bill Clinton, but was by the Bush Administration after 9/11. [2] Immigrant workers need to unite with their churches and organizations to fight so that our rights can be respected. If we don't organize, we won't be able to win immigration reform. If we workers don't organize and mobilize, the organizations and their leaders won't be able to win reform for us.

There are immigrant rights leaders who have fought since the 1980s, since the 1986 amnesty. Some of them are fake leaders, only interested in donations for their organization or working under the guidance of foundations to earn good salaries. But there are also committed leaders—the migrants who are no longer afraid. Movement leaders need to run for office and take the place of our current politicians to fully represent our needs. Although there are some politicians who are

---

2   287g is a federal program of the Department of Homeland Security that allows local law enforcement to enforce immigration law, thus making local police enforce civil law instead of adhering to its position of protecting public safety.

committed to working with migrants: Congressman Luís Gutíerrez, who has participated in civil disobedience actions, is one of them.

In September 2003, when I was going to be deported, community organizations pressured Luís Gutíerrez, and he, along with Senator Durbin, sponsored a petition to stop my deportation. They did it because they thought my story could be used to gain support from the community and get people involved. But Senator Durbin only wanted to fight for the DREAM Act, not for immigration reform for everyone. He eventually decided to stop supporting my petition.

Around this time, I heard about the Sanctuary Movement, where people had fled from the violence of the civil war in El Salvador and Guatemala by taking refuge in US churches to avoid being deported and facing the death squads. I proposed the idea of a New Sanctuary Movement to my church. They said, "If you want to fight, we will support you in your struggle." I have a profound respect for the pastors who are struggling with the community, but there are also priests and bishops who do nothing.

On August 15, 2007, I had to turn myself in to the immigration authorities. I woke up at 5AM and went in for an interview with El Pistolero, a DJ from the La Que Buena 105.1 morning show in Chicago. We talked about all the work I had done since 2003 for immigration reform.[3] My temporary status had ended and the media asked me when I was going to turn myself in. My pastor spoke with my attorney's legal assistant, and they told me to go to the church. My pastor told me, "We are going to declare the church a place of sanctuary for you." My pastor had spoken with the bishop, who said that

---

3   El Pistolero helped organize a march of over forty thousand immigrants against the Minutemen in the meatpacking district of Chicago in July 2005.

for years our church had worked for the community and he could not allow me to be deported. The bishop was in favor of family reunification and would declare the church a sanctuary. The church is a place of God and he would protect it, he said.

We didn't have any idea how to make the church a place of sanctuary. We didn't know what was going to happen. We didn't know whether the police or immigration was going to storm in. We were worried and just prayed. They told me that I would serve as an example of the hypocrisy of the Bush administration. I was in sanctuary for one year. Many people came to support me. The Senate began to discuss a reform proposal, but nothing passed. Nancy Pelosi was now leader of the house, and we had hope that the Democrats would work to achieve immigration reform.

I decided I couldn't stay at my church anymore, that I had to fight. If they deported me, well, they would deport me. I felt the urge to do something because nothing was moving forward toward immigration reform. So I decided to go to California to see Nancy Pelosi, and that was when they arrested and deported me.

Now that I'm back in Mexico, I'd like to just stay in my house and take care of my chickens, but there are always causes to fight for. We have to keep fighting for workers' rights, the rights of children, health care, and against the English-only laws in the United States. If there is full immigration reform, there will likely be people who are deported and others who benefit. For example, in the Obama healthcare law, undocumented immigrants are excluded, because Republicans say we are a burden. We see immigration reform as the hope that undocumented immigrants will one day have our rights recognized.

The young DREAMers have done impressive work for immigrant rights, risking their own safety. Young people with undocumented parents are also fighting for their families. People ask me why I didn't agree with the DREAM Act itself. I believe that the community should be mobilizing for immigration reform for everyone—for our families—not just for the DREAMers or farmworkers.

I have always believed in the power of family. Families have won various cases, obtaining documentation status, although others have been deported. This is how the fight goes, and we continue to struggle. Now we do civil disobedience. Our attorneys from United Families, Chris Bergen and Roberto López, have been arrested and taken to jail. This is what it has come to. There are very brave people who have been involved in the movement, and the struggle continues.

Now that I live in Mexico, I see what is happening with Central American immigrants in this country, how their human rights are violated. There will always be immigrants to fight for. We need to respect their human rights, the rights of all immigrants. I continued to fight for better immigration laws in Mexico. In front of the US Embassy, we organized *el viacrucis del migrante* (Migrant Way of the Cross), a religious march reflecting the journey of migrants. The last time we marched all the way to the Suchiate River, on the border of Chiapas, Mexico and Guatemala, with Central American immigrants. Mexican immigration officials stopped us, but we were able to get to the end.

We have also taken undocumented Central American migrants to the Mexican Congress to speak with representatives. We had never done this before. In Mexico, I have taken the trains that all the Central American migrants take northward. I have spent nights on these trains and along this migration route with the Central Americans. Sometimes I wake up and say, "What the hell am I doing here?" But the struggle must continue. In Mexico, what is happening to Central American migrants is tragic, and the government isn't doing anything to stop it or fight for immigration reform.

We are organizing a caravan from the south to the north. We are going to cross all the states in the country. We want to raise the level of consciousness among all young Mexicans and the community in general of the fact that there are migrants everywhere in the world. The most unjust thing about immigration policy—especially in the US—is the separation of families, and the criminalization of migrants who only seek a better life.

Though I have come back to Mexico, for me the struggle continues as we march towards better treatment for all displaced migrants in the world, and it has been the most important experience of my life.

Globalizing Struggle
From Civil War to Migration

Pablo Alvarado

NATIONAL DAY LABORER ORGANIZING NETWORK

Many of us from Latin America have become involved in the movement in the United States because of the experiences we had in our own countries. During my youth in El Salvador, I came into contact with the tradition of popular education and fell in love with its form of resistance. I also became involved in the movement during the civil war from 1980 to 1992. Afterwards, when I came to the US, I was able to apply the experiences and knowledge I gained in El Salvador.

Our personal transformation is influenced by what is happening in the global South. I see that people like myself have brought our ideas and lessons to this country, and many of us return home bringing ideas from this country. This fluidity of ideas is going to help create concrete changes in this country that will allow people to provide for their families.

My parents were farmers. I am from a small village where there was no running water or electricity, and the majority of people worked on coffee plantations. My mother did not go to school, and my father studied until the third grade. He also pushed us to go to school. I started school at age five, and every day I would come home and work in the fields with my father. Later, when the war started, everything changed. In my village, one could only go to school until the fourth grade. For fifth grade, I had to walk very far. Every day, on my walk to school, I would see bodies, arms, and legs left in the street. As a small child, this has a big impact on you. At that time, I could not understand the complexity of the problems that we were facing in El Salvador.

At the time, my father had his own oxen, which we used to bring water to the village. We were considered middle class because we had these oxen, but we didn't even have shoes.

Later, when I left my village to continue studying, I saw how the children who did not have shoes were treated. The other kids from the city made fun of me. For some reason, the teachers of this small city would separate the children from rural areas from the city kids in the classroom. At the time, I did not understand the concepts of class and race that played out there. Later, I was able to understand the role class played, but it was not until I came to the US that I was able to understand the role race played.

There were divisions within my own village. For a time, my father joined a right-wing paramilitary group. These groups would recruit children by force and take them to serve in the army. Although he was a real right-winger, my father later quit that group. All of his children ended up being leftists. When the civil war started, many of my friends were disappeared, tortured, and murdered, including a very close friend of my family. She was taken to an abandoned house close to my home and tortured. You could hear her screaming throughout the torture sessions.

When I was twelve, one of my brothers graduated school and became a teacher. He was our town's teacher, showing the farmers how to read and write. I began going to work with him. I thought it was so curious how the adults would pronounce the letters and words, and how they struggled to hold the pencil to write. I stayed and began helping my brother to teach people to read and write. Later, at the age of sixteen, I became the teacher in my village.

My father forced us to go school, and because of that I had the opportunity to attend university and the fortune to join the student movement. At the time, there were transportation strikes and I would have to walk or hitchhike to get from my village to the university in the city of San Miguel. This was in the middle of the civil war. In the university, the staff and faculty would meet and develop curricula to teach reading, writing, and basic math on a large scale. My plan was to become a coordinator of thousands of students to teach these classes.

On my last day of class, before I was supposed to begin the coordinator position, I got to my house at 8PM and my whole family was in a meeting. My youngest brother had received a death threat. There were two options: go into the mountains with the guerrillas, or flee the country. I had no intention of coming to the US, but my family asked me to accompany my brother.

We left the next day; it took us a month to make it here. I was twenty-two years old, my brother was seventeen, and we were carrying all of the experiences and difficult memories of the civil war.

It was a process for us to become integrated into a civil society in peace—not complete peace, but one where there was not so much political violence. Also, I already had developed a level of consciousness and perspective on the *gringo* community, how its government was involved in the war in my country.

The dominant culture in the US is a capitalist culture that tells you to go to school to be able to accumulate things, make money, and have power over others. We call this the "American Dream." In El Salvador, something similar exists; throughout the world we learn to internalize these values of capitalism. The values of the dominant culture are manifested in humble people—peasants and working class.

There is another culture, though, one in which people fight to free themselves, fight to change the conditions of their lives. This consists of taking on issues that impact their lives and getting together with people in an organized way, so that the community can reflect and create its own culture of liberation.

I've worked in the US as a carpenter, a demolition worker, a gardener, and a deliveryman—all without immigration papers. I was working in a factory in East LA when I heard they were looking for volunteers to teach people how to read and write. Since I had experience with this, I decided to get involved, and ultimately I helped found the Institute for Popular Education of Southern California.

Using the theories of Paulo Freire and popular education, I also began giving classes in the factory where I worked and in the surrounding community. When I learned to speak a little bit of English,

I taught people how to speak English with the little bit that I knew. The workers who took part in the classes began to recount their own personal stories based on the popular education methodology, which is rooted in the experience of the participants.

Many participants were day laborers. They brought stories of what happened to them on the corners with the police, with employers who did not pay them for their work. With the little English I knew, I began to help day laborers win their wage claims. I would study what to say in English. I would memorize it, go to the employer and say, "You have to pay!" Sometimes I would meet with employers and wouldn't understand anything. I would simply memorize what I had to say ahead of time and repeat my lines. I also had meetings with the police to pressure them to do more to protect the rights of workers.

Shortly thereafter, the city tried to open a day-labor hiring hall and I began to organize workers for the campaign, telling them that, if they wanted something, they needed to do it themselves. Through this process, I came to know of CHIRLA (Coalition for Humane Immigrant Rights of Los Angeles). In 1995, they hired me for my first paid organizing position to work with day laborers.

At that time, we also started to work to make the day-labor hiring halls more democratic, using leadership classes, where people learned a lot. Today many of the people who participated in our leadership school are organizers with unions in Los Angeles, while others have moved to other states and helped organize and open other day-labor centers.

We also formed a large soccer league of day laborers in LA, with more than twenty teams. Later, teams were formed in New York, DC, and San Francisco. These informal exchanges started a process through which organizers and workers from various centers began to talk and share what was working and what wasn't. During games, workers would start talking about how much they got paid, what the work was like where they lived, how they confronted the police, etc. In fact, the idea for the National Day Laborer Organizing Network was born at a soccer game.

We realized that workers from LA would migrate to Washington and Oregon in the winter. Workers would say, "I am going to Portland, who can help me while I am there?" So I would investigate what people or organizations they could get help from while they were there. The network started as something informal, and that was how we managed it until 1999, when we were able to hold our first conference of day laborers and their organizations on the West Coast. We began to create a national agenda for day laborers. In 2001, we founded the National Day Laborer Organizing Network (NDLON). I became the coordinator and only staff member of the network.

Today, the network requires that member organizations are led by workers themselves. We require this because we don't believe you can make change without those who are directly impacted. For example, when immigration agents are knocking on an immigrant family's door, there aren't organizations to defend that family; they must know their rights to be able to defend themselves. Leadership development is part of a process whereby people learn their rights and enforce them for themselves. It is obvious that on immigration issues, workers are the best spokespeople.

We are also creating alliances with the African-American community. For example, in Georgia, we are going to create neighborhood defense committees with African Americans and Latin@s. Before we

Latin@s arrived in Georgia, it was a mostly black community with its own rich history, and the reason why we could arrive there and not have to sit at the back of the bus is because they fought before us. So as a community, we have to recognize and celebrate the struggles of the past and today, and create alliances of mutual benefit. I would like to see a multiracial movement, where we can fight against the same systems that forced us to abandon our countries, against the system that sends good, local jobs from the US to countries where there is more exploitation, and against the system that is trying to incarcerate the African-American and immigrant communities.

This has to do with our theory of change. We believe that you cannot create social change unless those who are directly impacted participate. My vision and political understanding have changed with my experience and work with day laborers. I have seen police and employers screw over day laborers. I have seen how people see and treat immigrants as undesirable people, including people "on our side"—they see day laborers as a problem. They see them in the street and associate them with distasteful problems of our society; they say that the people who look for work in public create a bad image for us. Even other undocumented immigrants say this. Others have said they are impossible to organize.

I saw the opportunity to bring dignity to this work. I saw an opportunity to fight against a system that tried to criminalize day laborers with ordinances that made it illegal to look for work in public. I saw an opportunity to create campaigns to fight against these types of abuses, but not just *against* the system—we would also create something new. We created new day-labor centers where workers could participate in creating something for themselves and their community.

Today the network is made up of more than forty organizations at the national level. We have struggled and gained the right for day laborers to look for work in public anywhere in the country. We have helped launch national campaigns to defend the rights of immigrant workers in Arizona and Alabama, and now we are heading up a new campaign, Turning the Tide, against the Secure Communities program, through which Obama has deported more people than the George W. Bush administration.

Here is what happened in Maryland, to one of the principal ICE agents in charge of overseeing the Secure Communities program. Secure Communities was supposedly a perfect system, because every person had to give their fingerprints and everyone's data had to be checked in a national database. At a meeting on Secure Communities, a group of activists and attorneys argued that this was not the case. But the ICE agent remained firm, saying that they only deported criminals. Immediately, an immigrant woman stood up and said, "Sir, you are lying, because I, Maria Bolaños, called the police when my husband was beating me, and when they arrived they arrested me. Now I am in the process of being deported." She showed them her ankle bracelet and told him again he was lying. When she gave this information, it changed everything in the room. This is what happens when those directly impacted fight for themselves.

In 2011, we had a march in Georgia with twenty-thousand people. Beforehand, we held workshops in the community. In one of these, a young Mexican man said, "When I came here, I came like this." He walked in a circle with his head down. "But now I leave like this," and he raised his head. That was a week before the mobilization, and he went back to his community and brought back five buses filled with people. He was also able to get a rancher to pay for all of the buses. That change we saw in one person is part of achieving a big change.

The majority of day-labor centers were established because of a conflict and a necessity, and they have become centers for transformation. In NDLON, we have done two things at the same time: we have fought anti-solicitation ordinances that would make looking for work in public illegal, and we have created an alternative. There is something beautiful about getting the police on board with us to understand that day laborers need their own space.

I have seen transformations in police officers, employers, and residents. I have seen officers go from being totally anti-immigrant to being some their most vocal allies. I believe in these types of personal transformations. I have also seen day laborers change when they realize their own power. The day-labor centers are part of this process, because they are a place where day laborers can become involved and have a united voice to defend their right to look for work in public. This does not just defend the rights of day laborers but the rights of the whole community.

I believe that defending the rights of day laborers, their workplace rights, and struggling around immigration issues is essential for everyone. When humble people fight, it helps everyone. It is ironic that day laborers have fought to defend the right of people to look for work in public, and after the economic crisis hit, many US citizens began to look for work on corners, just like day laborers. If immigrant day laborers had not fought before, those people would not have had the right to look for work in public.

In my view, vulnerable people fight to defend the rights of all society. Vulnerable people have the ability to make great changes. My original vision was that day-labor centers would act out this theory of change at a local level, but later we saw the need to change this to the national level, because we saw various laws and provisions against day laborers proposed at the national level. We had to fight, because there was no one else to fight. Home Depot, a multinational, multi-billion-dollar business, was behind one of these laws, and we were able to defeat their proposals despite being such a small organization.

In the future there will probably be more fights. Ideally, we would stop wage theft and anti-immigrant laws like SB1070. But I also believe there will be more day-labor hiring halls, and that it is inevitable that we will get immigration papers. There is fear across the country regarding the connection between unemployment and immigration. The question is: who has the ability to address this fear? In my view, it is the people who clean the houses and tend the gardens of those feeling the fear. I have seen that, when immigrant communities come together with US citizens, we can win them over, when we can tell our stories.

The youth involved in the DREAM Act have demonstrated this, using the language of "coming out of the closet." Many of the children of day laborers participated in passing the legislation similar to the DREAM Act in California. This is the next generation that is going to take up the struggle. We have to support their struggle because they are our future organizers. This journey is long, but I know that if we develop a culture of liberation that is lead by the affected community, we will win.

NOT ONE MORE
DEPORTATION

#NOT1MORE #NIUNAMÁS

SECTION II

Our Solutions

Introduction

In the spring of 2006, cities across the country took part in the largest marches in US history, bringing millions of people into the streets, shutting down highways, and paralyzing entire industries, such as meat packing, restaurants, and construction—industries highly dependent on a Latin@ immigrant workforce.[1]

Two large marches took place in Austin, Texas, the first on April 10 and a "Day Without an Immigrant" on May 1. For the latter, coalition organizers called on people to miss work, buy nothing, and walk out of school. Organizers of the march brought together Evangelical and Catholic churches, socialists, anarchists, LGBT groups, university and high school students, unions, and social-service

---

1   In the course of four short months in the spring of 2006 an estimated 3.5 to 5.1 million Latin@s protested in the streets of over 160 cities in the United States. Matt A. Barreto, Sylvia Manzano, Ricardo Ramírez, and Kathy Rim, "Mobilization, Solidaridad and Politics By Other Means: Latino Participation in the 2006 Immigration Protest Rallies," *Urban Affairs Review* 44, 2008, 736–764. In Austin, Texas where, according to census figures, 70 percent of the construction workforce was foreign born in 2006, Spanish-language media estimated that 80 percent of construction sites stopped work. Tyson Foods, Inc. and Cargill Meat Solutions closed numerous plants across the country, giving thousands of workers the day off work to attend the marches. http://theworldlink.com/news/local/immigrants-flex-economic-muscle-with-boycott/article_c88a4723-d4c7-5ffa-b61b-7265e9b1b1f7.html.

organizations, one of the most broad-based coalitions the city has ever seen.

Controversy surrounded the decision to support the economic boycott called for May 1, international workers' day, by the Los Angeles-based March 25th Coalition. This caused some members, such as the Catholic Church, to withdraw their public support. However, the undocumented members groups like Workers Defense Project,[2] a Latin@ immigrant workers' center, were most motivated by the opportunity to participate in the general strike, and excitedly spent every evening in the lead up to the march visiting churches, immigrant neighborhoods, and grocery stores telling others to strike.

These massive actions were not dominated or controlled by one individual or group, but by the community itself. The marches became an impressive display of unity and the movement's capacity for rapid mass mobilization, unseen in the US since the original May 1 marches in 1886, which mobilized hundreds of thousands of workers, inspiring an international movement for the eight-hour work day.

Although Spanish-language press played a critical role in mobilizing community members to participate in the marches in Austin, English-media outlets covered the events as though organized undocumented immigrants had simply appeared overnight. Many reporters claimed immigrants had "come out of the shadows," a term that obscured the reality of undocumented communities. They had not been hiding in the shadows; they simply lifted the veil of our country's ignorance to their plight. Undocumented immigrants had long been organizing and speaking out about their struggle. The problem was

2   ¡Presente! editor Cristina Tzintzún, served as a lead organizer for the 2006 marches with Workers Defense Project in Austin, Texas, and witnessed the massive community mobilization from undocumented immigrants during that time.

that our elected officials, business interests, and the dominant culture simply hadn't been listening.

For many of us who participated in these massive mobilizations, immigration reform seemed to be on the horizon. At the time, the Bush administration pushed for a more comprehensive and humane reform than what is currently being offered under the Obama Administration.[3] After all the inspiring mega marches organized across the country, we asked ourselves, "How could politicians not act in our favor?" But, they didn't. As the massive marches faded into the background, and subsequent May Days got smaller with each passing year, our community went on the defensive. Conservative state legislators and local municipalities began to craft their own draconian immigration-enforcement policies.

At the same time, an explosion of community-based Latin@ immigrant organizations emerged from the marches. Statewide and city immigrant rights coalitions popped up, worker centers were founded in response to the incredible labor abuse undocumented workers faced, and undocumented students began to articulate their own vision for immigration reform. While the 2006 marches took center stage as the most visible form of resistance, they have not been the only organizing strategies that the movement has employed.

This section highlights key voices that helped mobilize and inspire the marches across the country, with the understanding that while the majority of participants in these actions had no ties to any organization,

---

3   In 2005, President Bush proposed giving undocumented workers three-year guest-worker visas. His proposal was met with skepticism and anger by many in the Republican Party. The Democratic Party at the time failed to put forth their own cohesive proposal, though there has been important leadership on the issue from a few Representatives such as Congressman Luis Gutiérrez of Illinois. Michael A. Fletcher and Darryl Fears, "Bush Pushes Guest-Worker Program," *Washington Post*, November 29, 2005, http://www.washingtonpost.com/wp-dyn/content/article/2005/11/28/AR2005112800067_2.html.

the marches themselves were driven by immigrant organizers who had years and, in some cases, decades of experience fighting for immigrant rights. Undocumented students, known as "DREAMers," became one of the most exciting groups to build momentum following the 2006 marches. Many DREAMers have been at the forefront of the immigrant rights movement, employing aggressive civil disobedience tactics to demonstrate the urgency of their cause. They have pushed the community to "come out" as undocumented, risking deportation to challenge perceptions, policymakers, and their own communities. These students have waged hunger strikes, taken over senate offices, and marched across the country under the banner of immigration reform. They have earned the admiration of the broader undocumented community, as well as the enmity of anti-immigrant groups. In a short time, DREAMers have become committed organizing veterans, developing expertise and vision that will serve the future immigrant rights movement.

In addition to the DREAMers, this section will also spotlight the voices of communities facing massive criminalization and targeting by police and immigration enforcement. The criminalization of undocumented immigrants in this country has created new challenges for the movement, and sent the undocumented community reeling from the pervasive onslaught of increased police and immigration enforcement that has permeated nearly every community in the country. While increased immigration and police enforcement has led to a record number of deportations nationally, places like Arizona have become laboratories for some of the country's most punitive immigration policies. Immigrant groups on the ground in Arizona have confronted these policies head on, bringing tens of thousands to march in the streets, coordinating impressive civil-disobedience actions, and taking the time to slowly build a base in immigrant communities that are capable of self-defense. Groups like Tierra y Libertad in Tucson have organized with the undocumented around police and ICE collusion, and taken the opportunity to develop roots with the community and campaigns that engage them in long-term neighborhood projects centered on health and education. These projects demonstrate the possibility of long-term organizing and consciousness raising after immigration reform. These neighborhood-based self-defense strategies are modeled after neighborhood defense committees that protected Leftist guerrilla barrios from military death squads in El Salvador during its gruesome civil war.

Building a movement beyond national boundaries, transnational organizing strategies of undocumented indigenous migrants helped lead to the campaign for the "Right to Stay Home." The campaign pushed the idea that the immigration "problem" requires a deeper understanding and response that cuts across national borders. Indigenous migrants have argued that, for them, exploitation begins in Mexico, with the forced economic migration of hundreds of thousands Mexicans after the North American Free Trade Agreement (NAFTA), which has devastated the farming economy, leading to mass migration and the separation of families, putting indigenous languages and communities at the brink of extinction.[4]

---

4   In 2004, President Vicente Fox boasted in regular TV commercials that under his leadership seven million Mexicans had been lifted out of poverty. During this same year, it was estimated that 390,000 Mexicans left Mexico to establish residency in the US, along with the millions of Mexican citizens already residing abroad. At this rate it is not surprising to find that 96.2 percent of all municipalities in Mexico document international migration patterns. Indigenous commu-

In 2006, the undocumented immigrant community came together from coast to coast, from major cities to rural America, to collectively say "enough!" They weren't led by one organization, political
party, or union, but led by their own internal thirst for equality. This
was the strength of the movement, but also its weakness. For sustained change can not only be achieved with spontaneous moments
of disruption, but by long-term engagement that builds the collective
capacity and organizations of the oppressed to make change and shift
the balance of power. Most importantly, sustained change allows for
a shift in the individual and collective conscience of a community,
furthering its ability to imagine and practice a reality that is radically
broader than the status quo.

Since the 2006 marches, the daily life of undocumented immigrants has become increasingly unbearable in this country. As the
possibility of passing comprehensive immigration reform has been
pushed further to the margins, immigrant rights groups like La Hermandad Mexicana in California and Fuerza Unida in San Antonio
have focused their attention on defending their community through
localized efforts, including labor organizing campaigns, securing drivers licenses for the undocumented, seeking to guarantee in-state tui-
tion for undocumented students, and stopping the collusion of police
and immigration enforcement.

In an attempt to battle the constant onslaught of attacks from xenophobic policymakers, hate groups, and exploitative business interests, the immigrant rights movement has had to divide its efforts and

---

nities have particularly high migration rates. The Zapotec village of Villa Alta,
Oaxaca, which I surveyed in 2006, recorded 40 percent of villagers living abroad.

is now on the defensive. The real challenge for immigrant organizers is to develop more proactive strategies that allow the movement to build its power and influence, and expose the inhumanity, hatred, and inequality of our current immigration policies. This section offers a variety of key strategies employed by the immigrant rights movement over the years. It is by no means an exhaustive treatment of the tremendous organizing efforts and strategies that a range grassroots organizations and unions have employed across the country. We share these stories and strategies with the intention of sparking a deeper conversation within the immigrant rights movement, one focused on long-term struggle, a struggle far from its last breath.

Apartheid in Arizona
When ICE and Criminal Justice Converge

Rosalba Romero and Cesar López
TIERRA Y LIBERTAD

Located in Tucson, Arizona, just twenty-five miles north of the US-Mexico border and in one of the most militarized areas in the country, Tierra y Libertad has been organizing with the community to fight back against anti-immigrant policies. Cesar López and Rosalba Romero shared their experiences organizing with *Presente!* editors in a phone interview.

¿How did you get involved in the movement?

Rosalba: I started to see the various situations we experienced as immigrants, how we were being attacked, including by the media that viewed us either as criminals or victims. That is when I encountered Tierra y Libertad. I was already immersed in various organizing efforts in Tucson at the time. I began to learn about my rights in my daughter's school. I learned what resources existed in the community and I began to open my eyes. I wasn't like a lot of people who were afraid to be walking down the streets, so I started to go out and learn more and share information with others.

When I met Tierra y Libertad I knew they were special and unique. I liked how they worked towards obtaining autonomy. The idea behind Tierra y Libertad is to create a sustainable community, in terms of food, family, health, the economy, and peace—this is the basis of our work. We also don't just involve one sector of the community like kids, adults, or immigrants, we involve everyone. We want the community leading their own fight to achieve their own destiny. We want to be a model of how a neighborhood can defend itself when people work together.

Together we have worked hard to unite against The Support Our Law Enforcement and Safe Neighborhoods Act (SB1070). SB1070, a bill that passed in Arizona, was the strictest anti-immigrant law in US history. Among other provisions, the law gave local law enforcement the ability to stop people for suspicion that they might be undocumented. African Americans, Latin@s, and whites in our neighborhoods came together for the large mobilizations against SB1070. We taught people in our community to rise up and fight for themselves. What we seek is for our community to be able to work together and not look to the government for all of our solutions.

Some organizations only say what they think the community wants to hear. For me, it is important that the community understands what the reality is. We want to help the community with their basic needs, but we also want them to do this for themselves. I'm an immigrant myself, but I know I can't speak for others for various reasons. As an organizer I have a certain level of power, and because of this I cannot speak for others, about what they should want. In Tierra y Libertad, we come together in committees to make decisions. We train each other. It is communal work, which is how our struggle must be to make real change.

I came to this country eleven years ago, and at the time I didn't want to. When people would tell me that there was more work in the US and you could earn more, it seemed illogical. I thought, well, if you earn more, that must mean everything costs more. In Mexico, a serious economic crisis developed in the mid-nineties under President Salinas de Gortari. He left the country in horrible shape. I was bankrupt, and so was my husband, whose business was destroyed. All of this led to our decision to come to this country, but I didn't want to come here.

The first years were horrible for me. I fell into a deep depression and would cry every day. I felt horrible. This wasn't my country and I felt awful. People would tell us we should be afraid. Other immigrants would say that, if you left your house, immigration could take you away. In my country, I felt free. I was a professional, a daycare program coordinator. It was very hard for me to be in this country facing so many challenges and living with so much fear on a regular basis.

I didn't want to come to this country, but I came to support my husband. I faced a lot of personal difficulties in coming here and in my community work. When I told my husband I had received an organizer's certificate through Tierra y Libertad, he didn't like that. He didn't want me to work or anything. So I decided not to say anything, so he wouldn't know what I was doing, and I continued working and organizing. After six months, he realized I was working with Tierra y Libertad, which led to an internal power struggle in our relationship.

Cesar López: I was born here. I was the first person in my family to be a US citizen. I was born in the car en route from Nogales, Mexico to Tucson, Arizona. I was raised in between Nogales and Tucson. These cities were very connected when I was growing up.

I began to see more and more how the border was being militarized. I remember when they began to construct the first border wall. You couldn't see the other side anymore, and the bicultural community between Nogales and Tucson began to fall apart. Before the wall, you would cross the border in a car, by bike, or walking. You could cross the border to buy bread, visit your friend or girlfriend; you could cross for whatever reason and come back quickly. Now all of that is over. There are checkpoints everywhere, which have made us feel like we are living in a militarized zone. We also began to see people die in the drainage system when they were trying to cross into the US. This started to happen more in the nineties, when I was in high school. Since many of my cousins were from Mexico, I saw that I easily could have been one of these migrants, without work, without a future or options. Tucson is very militarized, if not one of the most militarized cities in the country.

They don't teach you a lot about social movements in school, so on my own, I began to think about how I could become active to make a change and help people. In my teenage years, I became aware of community-based movements, such as priests in Mexico and Tucson forming part of the sanctuary movement to help migrants crossing into the US. I began to learn about the wars in Afghanistan and Iraq and about the past civil wars of Central America. All of this helped me begin to think about how communities here in the US had organized in the 1960s and 1970s, when they had a critical mass, and how they struggled against the government.

Along with others, I began to think about what organizing is, and we are still learning. We started to hold lots of activist events. We were Latin@s, Natives, and African Americans, all of us people of color, forming a collective. In the collective, we decided to focus on health issues. But we saw health in a way that looked at our whole neighborhood and how we could fix the problems in our community. This led to the formation of Tierra y Libertad seven years ago.

When we started, we did an all-day occupation of a government health building. The government charged us with felony crimes. Even though we had a lot of people participating, both people of color activists and white allies, we didn't have the backing of the affected community. That was when Tierra y Libertad was born; we said we were going to learn to organize through the idea of promoting a healthy community.

To me there is a difference between activism and organizing. Many people are involved in activism, but what we want is to go beyond activism and organize. We want to organize with the community, not just provide services or advocate for the community. What we want is to build the capacity of people to fight for themselves, and this is not easy, or something that we naturally know how to do.

¿What has been the impact of the anti-immigrant laws of Arizona on your work?

Rosalba & Cesar: Being an undocumented immigrant is sometimes a difficult reality to live. You never feel completely safe to go out and do even simple things, like go to school with your kids, or go the grocery store.

Arizona is a laboratory for policies based on hate, where the worst laws are put into place, and then exported nationally. In 2004, we organized against the various laws proposed in the Arizona state legislature, like a law that required individuals to produce proof of citizenship before they could register to vote or apply for public benefits. The proposition, known as Bill 200, also made it a misdemeanor for public officials to fail to report persons applying for these benefits who were unable to produce documentation of citizenship, and allowed citizens who believed public officials had given benefits to undocumented persons to sue for damages. Bill 200 is part of the history that led to SB1070, Bill 300 (which forbids college students from receiving state financial assistance if they cannot prove they are legal residents), and the Employer Sanctions Law, all of which led to a climate and culture of hate against immigrants in Arizona.

Right-wing legislators tried to wrap all of these proposals into one law in 2004 with Bill 200, and we worked very hard to defeat that law, but we lost, with 56 percent of the vote supporting the proposal. Later, however, much of the law was deemed unconstitutional and it wasn't implemented completely. But its passage left the door open for anti-immigrants to continue pushing for other legislation. Now we have

Jan Brewer as our governor, and nearly all of the heads of government in our state are anti-immigrant. They don't want us here. They don't see what we contribute to the state. These anti-immigrant sentiments are reflected in the fact that immigrants are afraid to leave their houses, especially after the passage of SB1070.

After SB1070, there were arrests of community members everyday. Families were being detained for whatever reason. SB1070 was passed in 2010, but in reality, it was being practiced before then. Now, however, they can arrest us openly and violate our civil rights without fear of any repercussions. SB1070 has also been made national in some ways because the federal government (Republicans and Democrats) has begun to dramatically criminalize immigrants in the last couple of years. After years of fighting for immigrant rights, all we see are fewer drivers licenses for the undocumented, laws that criminalize day laborers (the majority of whom are immigrants), and legislation to make our lives unbearable.

During the 1990s, many conservative, middle-class whites came to retire in Arizona because it is warm and sunny. They have their second houses in Arizona and they come to live here in the winter. We call them "snow birds." These are people who vote, so they have a big influence over policy, even though they are not originally from Arizona. While some of the retired folks who came here actually joined the immigrant rights movement, overall they created an environment under which anti-immigrant laws could be passed.

During this time, we saw the passage of federal programs including Operation Gatekeeper and Hold the Line, which led to a more militarized border in Texas and California. As a result, we began to see more people crossing through Arizona, and more people dying in the desert. Here on the border, close to five hundred people die a year. But that was the government's idea: make people cross through Arizona, where it is much hotter and more dangerous, because it is easier to let people die in the desert than deport them. Arizona was also one of the first states that prohibited the undocumented from obtaining drivers licenses. Our state has led the charge to criminalize the undocumented.

It took something like ten to fifteen years to militarize the border in California and Texas, and for all of these laws to be implemented. And now migrants have to cross Arizona, an extremely conservative, right-wing, and anti-immigrant state. People die in the desert during their journey to this country and many bodies are not found. So it seems like it isn't a big deal that thousands of people have died. This is part of US "exceptionalism," according to which we supposedly do not torture; as a country we are supposedly incapable of committing wrong.

We are located in Pima County. We are close to Maricopa County in Phoenix, trapped between the border and Maricopa County. All around us there are now lots of checkpoints, and people feel they cannot move freely. There are also paramilitary groups, who were in the news saying that immigrants without papers should be shot and killed. All of this created an environment of fear and criminalization, despite the fact that the economy cannot function without immigrants. We have heard that many immigrants have left the state because of how difficult it is to live here. All of this is an experiment. In this state, you can elect someone like Sheriff Joe Arpaio, one of the most racist and dangerous sheriffs in the country.

The case of Phoenix is one of the most grave in the state. The situation immigrants face in Tucson is not as bad. In Phoenix, it is unbearable, especially with Sheriff Joe Arpaio and Governor Jan Brewer there. People in Phoenix are openly discriminated against by the government based on their race.

SB1070 motivated people to fight, but at the same time, we are still recovering from the fight. In Arizona, it is now a fact of life (and everywhere under the Homeland Security program, Secure Communities) that you can go out just to pick up your children and be detained and deported. In Tucson it is hard for us, because you can't go south or you will run into border patrol. It is extremely militarized. In the south there is border patrol, and to the north there is Sheriff Joe Arpaio. Thus, a person can't feel free here. We are obligated to stay in a small area; we are surrounded on all sides.

Tucson voters did not support the anti-immigrant Bill 200. Here, few Republicans get elected. Yet, still there are a lot of deportations, fear, and immigration detention centers. What happens here is that the border patrol (or the police) stops you, they ticket you, arrest you, and then immigration officials come to the private prison where you're being held, run by Corrections Corporation of America, a half hour from here. At one prison they have 3,800 beds reserved for undocumented immigrants.

¿You talked about working across race and ethnicity, can you tell us more about how that has been important to your organizing efforts?

Rosalba: When SB1070 was passed, some white allies decided to leave the state. They were so upset that they didn't want to be in a place that was so against the immigrant community. Others became involved in the movement. Here we have a mixed-race movement. If you have white privilege, or the privilege of being born here, you may ask yourself, "What is my role in the movement?" And I have had to work with allies to help answer this question.

I am very interested in working with white allies. I am interested in their point of view. For example, I had a white friend who was very involved in the movement, and she told me she felt guilty because she had privileges that the rest of us didn't have. During that time, I was undocumented (now I have been documented for a year, but previously I did all of my organizing when I was undocumented). I told her that if we let ourselves be overcome by guilt, we are never going to win, because we need to work together. I told her we need to see the strength of every individual and how they can become integrated in the movement, that we should not be divided. We need to see what we have in common and, based on that, and organize together.

¿Immigrants in Arizona have faced very serious challenges, how do you move forward from here and try to defend the community?

Rosalba & Cesar: I have always disliked when people look at us un-documented immigrants as criminals. That chokes me. Another thing that chokes me is the media, or leaders and spokespeople of the com-munity who treat us like victims. I feel horrible when people tell me, "Oh, you poor thing. You are undocumented, and we have to help you." When I hear this my blood starts to boil. Why? Because they don't see what we are doing, what we are capable of doing. It is not fair that supposed leaders see us as victims; I think they only do it to get more money for their organizations. Families are defending themselves. We are organizing, and what we need is for people to stop seeing us as helpless victims.

We need to work in the community to organize and build a base. The marches that have taken place in Phoenix against SB1070 are important, but it is even more important for us to be organized in our own communities—not just to go to a march once a year, but to defend ourselves every day, and to work together to resolve our own problems. We need our autonomy to achieve equality and dignity, and we are the only ones who will be able to achieve this for ourselves. That is the long-term struggle we are engaged in.

Harnessing our Collective Power
The Economic Boycott of 2006

Gloria Saucedo
La Hermandad Mexicana

Millions of people participated in the mega marches of 2006. The work of organizers and activists in Los Angeles and Chicago inspired undocumented immigrants across the country to march in the streets. Additionally, organizers in Los Angeles led the charge for a national strike that called for undocumented immigrants to not go to work and buy nothing on May 1, 2006. Gloria Saucedo's story documents the important role organizers and activists played in Los Angeles, and their impact nationally during the spring of 2006.

In Los Angeles, the organizing for the 2006 marches started with the Minutemen. In 2005, I, along with others from La Hermandad Mexicana—an immigrant rights organization based in California that serves thousands of Latin@ immigrants a year—started to go to the San Diego border to confront the Minutemen. At the time, they were going to patrol the border supposedly to try and catch undocumented

immigrants. At the border, I met a variety of people, including Jesse
Diaz and Javier Rodríguez who had been organizing with the undocumented and Chicano communities for several decades. They both
had labor-organizing backgrounds and had been involved in trying
to organize undocumented workers, sometimes through boycotts and
walkouts. At these actions against the Minutemen, we started to organize and get to know each other. In Los Angeles, we worked together to organize students and human rights groups to defend the rights
of immigrants when the Sensenbrenner law was proposed, one of the
most anti-immigrant laws in the history of this country.[1] We thought,
"We must do something; we can't let this law pass." So we came up
with the idea of having a massive march against the bill on March 25.

We started organizing for the march in January of that year. We
had many, many tasks. Javier Rodriguez, Jesse Díaz, Alicia Flores from
Hermandad Mexicana from Ventura County, and I worked as a team.
To get the word out about the march, we worked with the media. We
invited the public to the march on Univision's LA TV channel. We
even held a press conference. But we knew we still needed to do more
to get the word out. After the press conference, Jesse, Javier, Alicia, and
myself decided we needed to talk with the radio DJ Piolín.[2] So the

---

1   Republican Congressional Representative Jim Sensenbrenner introduced Bill HR4437.
     The bill passed the house in 2005, and sought to drastically increase the penalties and
     criminality of undocumented immigration, including making it a crime to provide support
     or aid to undocumented immigrants. The bill was so broad in seeking to criminalize un-
     documented immigrants and their supporters, that it caused outrage in immigrants, social
     service providers, and the Catholic Church—to name a few.

2   "Piolín," also known as Eddie Sotelo, is one of the nation's most popular Spanish-language
     DJs. His radio show *Piolín in the Morning* is broadcast on over a hundred radio stations
     across the country. Piolín originally came to the US as an undocumented immigrant. He
     encouraged his listeners to participate in the mega marches of 2006. In 2007, he led a cara-
     van across the country, attempting to deliver a million petitions demanding that Congress
     pass comprehensive immigration reform.

four of us went to look for his producer. We talked to him, told him about the Sensenbrenner law, how bad it was for the community, how it would impact undocumented immigrants, and he told us he would look into the possibility of giving us airtime to publicize the march.

That same day, March 10, just fifteen days before our march was scheduled, we learned that there was huge march in Chicago. Seeing that over 100,000 people attended that really motivated us. The day of the march in Chicago, I received a call from Piolín's producer. He told me that they were going to support us, and that we had to be at the station within an hour to make the announcement.

We went to the radio station and invited the public to join us at the march. When we were there I thought to myself, "Now we need to do outreach to all the radio stations so they can help us reach as many people as possible." That night, I went to a dinner with all of the radio producers and DJs of Los Angeles: Piolín, El Cucuy, and El Mandril where there. It was decided that all of the DJs would support the march planned for March 25. Everyone was agreed that they should mobilize the community, and they all made their own announcements, with some DJs coordinating their announcements amongst themselves. The DJs played a huge role in mobilizing the community.

Once the word got out about the march, with all the buzz on the airwaves, our organizing work became easier. The message reached everyone in the community, so we began to hold meetings and become more active through grassroot tactics. The community was so energized. I would leave my house to organize for the march at 6AM, and we would not come back until 11PM. We didn't have money, not even to pay for posters. But there was a man who owned a print shop who was organizing with us. He had fixed his immigration status under the amnesty in 1986. He told us it didn't matter if we had money or not; he would help us. He gave us credit and didn't charge us much to make tons of posters for the mega march. He said that, because he had benefited from amnesty, he felt he needed to support us and other undocumented immigrants. He hadn't been part of the struggle to win the amnesty of 1986, but he learned from us that others had fought so that he could have papers. He saw how hard it was now for us to get amnesty for people, so he supported us to help his community. It was through people like him that we were able to reach more people. We went to supermarkets and places that were visible to the community to announce the action and hang up posters.

In the beginning, there were just a few groups organizing for the march. Later, many groups and churches started attending meetings and helping mobilize the community. It was interesting that the older students of Hermandad Mexicana, those who were fifty or sixty years old, the real oldies of the movement, helped organize the march alongside young people. Everyone was unified; age didn't matter.

The march was supposed to start at 10AM. I got there at 8AM, expecting to be one of a few organizers there, but there were already people coming from all over. I felt so happy and proud of our work and the community. We had planned to have two hundred mariachis play during the march, but so many people came that they couldn't: you couldn't hear any of them. We had printed shirts to give to people, but there were so many people we didn't have enough. People came from

San Francisco and all parts of California. I remember the Service Employees International Union (SEIU) had asked us how many people we expected to march. I said a million, and even though some people thought that was impossible, it's what happened. We marched nearly 2.5 miles, from Olympic Blvd to the City Council, with hundreds of thousands of people behind us. We even marched on the highway. It felt like nothing could stop us. Despite having so many people, many politicians still didn't support us, including the mayor. But that didn't matter. It was a march of the people, not of any group or political party. The people made the march. They decided on their own to take action.

At the march on March 25, we (Jesse, Javier, and Alicia) came up with the idea of a having a boycott on May 1. We saw that the community was ready to stand up for themselves. There, in front of everyone, we announced the boycott and mega march for May 1, to start at 10AM. We decided as a group to make the boycott for immigration reform. We wanted to hold the boycott on May 1, international workers' day, to honor all the people from our community, millions of people without documents, who work day after day in some of the most difficult jobs. We wanted businesses to see the economic power of the undocumented worker.

During the organizing for the big boycott, divisions arose. Two groups formed. There was the already existing March 25th Coalition, which we had created, and another coalition that formed around the Catholic Church and some other groups that decided to hold a march on the evening of May 1. They were opposed to the boycott because they thought people should be working during the day. They aired television commercials against the boycott, telling the community not to participate. The unions also couldn't support the strike because their contracts made it illegal to strike. I never understood why the Catholic Church was opposed to the strike, and I still don't understand it. I am Catholic, but I was taught to be a rebellious Catholic, to see injustice and fight to end it. I went to school with nuns who taught us to be respectful and fight for the poor. It is our people, immigrants and Mexicans, who go to church, who fill the pews, who give financially to the church. I believe our people can also be taught to raise their voices together against all of the injustice in this country. I can't understand why the church will not rise up against injustice.

One of my friends, a program coordinator at a Catholic Church in LA, was a faithful member. She spoke with her priest and asked him to rent buses to take congregants to the May 1 strike and march. You see, even though the highest officials of the church were against the strike, their faithful were not. The faithful went out and asked the church to rent buses to go to the march. This also happened with unions.[3]

If you walked around in Los Angeles on May 1, 2006, you would have noticed that people didn't even buy water. The stores were closed. Some places were open, but people didn't even go inside to buy water.

---

3   While institutions like the Catholic Church, AFL-CIO, and some national Latin@ and immigrant rights organizations did not support the boycott, the extent to which they opposed the boycott and national strike differed across the country. In Los Angeles, the Catholic Church ran announcements in direct opposition to the boycott. In Austin, Texas, local churches simply took no position on it and encouraged their congregants to participate in rally activities. In the end, national divisions were not able to stop the force of the boycott and undocumented immigrants' desire to participate everywhere. In Austin it was estimated that 80 percent of restaurants and construction sites closed on May 01, 2006.

I believe that the general strike and boycott was a success because we took our message to a mass of people. The press said that nearly half a million people participated in the march, even with all the divisions. And our call for the boycott and strike spread like wildfire across the country. On May 1, people marched and didn't go to work in many, many places around the US. This showed that our people are ready to take the streets. Unfortunately, we no longer have the economic resources to get the word out like we did in 2006.

In 2006, we were able to get the people, independent of any organization, to take the streets. The union and church hierarchy could not control the movement. Perhaps because they couldn't, they felt insecure, worried about losing power, and this might be why they didn't link up with the movement of the masses.

As organizers, we saw that our people were ready for the call to action. The marches of 2006 showed us that we must continue to fight, day after day, until the people are ready to rise up even more boldly. We must take experiences of the past, like the 2006 marches, and learn from our mistakes and successes.

There are less people in more recent marches because our organizations lack funds, because the press no longer supports us, and because of the reprisals the Los Angeles police have taken at our marches.[4] Another reason is that people think, "We have marched and marched, but we still don't have anything." These are some of the excuses I have heard. The media says their job is to entertain the people and make them happy, not be overly political. I believe that the DJs

---

4   At the 2007 May Day march in Los Angles, the police department shot the nonviolent, permitted rally with rubber bullets. The City of Los Angeles paid $13 million to settle lawsuits accusing the Police Department of excessive force.

and producers who supported us in 2006 were threatened with being fired if they continued to support us.

I was inspired to take action for my community by fighting to win immigration reform. As immigrant organizers, we are in favor of immigration reform. We have made our message public, supported our community, and held marches and boycotts that express the desires of the people. Yet, we still have politicians of Hispanic and of Mexican origin who could be more active in helping us achieve immigration reform. We lack true political leaders. Politicians need to know that our community is watching them, that we will support them, and that they should embody the people's discontent about immigration reform by taking bold action. Right now, there is so much fear in the community due to deportations. People in power are being allowed to divide families.

After 2006, the Democratic Party won lots of elections. Many of the victors were of Hispanic origin—congressional representatives and senators with considerable power. I don't understand why they aren't more active in defending their people. We are fighting a powerful enemy that knows if Latin@s have more political power, they will loose their hold on Congress. They are not used to seeing women and men of Hispanic origin in power. The status quo sees us as a big threat. They don't want another immigration reform like the one in 1986, because even though it only allowed two million people to legalize their status, many of their children gained political power at the local, state, and federal levels. The current governing party in

Congress believes it will loose control for the long haul if more Latin@s gain the right to vote.

It is very important for undocumented immigrants to stand up for themselves, but it is also very important for them to have a political infrastructure through which they can win their demands. For example, I have given myself to the movement because there is a spirit that I was born with. When I was in school, they taught me to fight for the most weak, to respect and help the least protected. So when I came to this country, I began organizing with the Hermandad Mexicana as a volunteer. Today, I am a founder and Director of Transnational Hermandad Mexicana, which is the next generation of the organization working in Mexico and the US. Over time, I learned that I liked organizing, helping people know their rights, getting them to take classes to learn to read and write so they could get amnesty. I learned many things, but mostly I learned how to fight for our rights as immigrants. We worked on adult education issues. We would take trips to Sacramento and lobby. Later, we worked to win family reunification, so that people who had received amnesty could fix the papers of their children under the age of twelve, allowing them to be in the country. All of this was won by organizing, by sending letters, talking to the community, and making visits to Sacramento and Washington, DC. I was in charge of organizing my Spanish writing class participants to go to Washington, DC because Hermandad Mexicana was trying to win the passage of laws favorable to the undocumented. I took all the knowledge and experience I had gathered since 1986 and put it into our organizing work in 2006.

Today I believe that the most organized members of our movement are students, the DREAMers. We have many undocumented people with degrees working with us. It has been a different sort of challenge to raise consciousness in these students and professionals, but the years of suffering the community has collectively endured have been a great school; it has made us a conscious of the need to organize and struggle. It requires so much time, desperation, and frustration, but this is part of the organizing process. When those twelve million people have legal status, they will be ready to struggle for themselves and make a better society than we have now.

As a movement, we must continue forward. We need to fight together for the same objective. When I march with young people, I can't keep up with them because they walk so fast. We are all going to walk at our own pace, but we should walk towards the same objective: immigration reform that protects the rights of everyone.

From the Factory Floor to the Barrio

Viola Casares and Petra Mata

FUERZA UNIDA

"Among individuals, as among nations, respect for the rights of others is peace."—*Benito Juárez*

This celebrated declaration by Mexico's first indigenous president is a testament to the true value of human rights and respect for all. It is also a testament to the spirit of Fuerza Unida, a membership-based organization in the South Side of San Antonio, Texas that empowers women workers and their families to achieve social, economic, and environmental justice. Founded in 1990 in response to the closure of a Levi Strauss factory in San Antonio, Fuerza Unida has been involved in a variety of social justice struggles over the last two decades, working on issues of women's empowerment for self-sufficiency, gender equality and labor rights, immigration, environmental justice, and health education within the Latin@ community.

We were two of the first workers fired when Levi's closed its San

Antonio factory on January 15, 1990. We were two of 1,150 other workers fired without notice, left without a job, and with an unjust severance package. Levi's decision to close our plant and move production abroad came just a few years before the passage of the North American Free Trade Agreement (NAFTA), under which thousands of US workers lost garment and manufacturing jobs. Levi's wanted to move production to Costa Rica, where they would pay other Latina women just $1.08 an hour. Our story is about how we have organized ourselves in response to the globalization that has made women of color like us disposable.

When we were working in the factory, we kept our eyes closed. We didn't know much about politics and we didn't know anything about organizing. But when the plant shut down, we began to organize ourselves, along with other women workers from the factory and our allies, to demand fair compensation from Levi's and better conditions for workers in other sewing factories across the country.

FUERZA UNIDA: THE EARLY YEARS

Together, we worked at Levi's for over twenty years. The workers at the plant were mostly Latina and immigrant women. Some of them were there even longer. At first, it was good. You could even say we were "happy." We earned a decent wage and were thankful to have a job. We learned a lot working at the plant. But we also worked a lot of hours, day and night. Sometimes we were the first to come in and the last to leave.

Levi's had us brainwashed. They would tell us we were a "family." The managers would occasionally give us coffee and donuts on our break as a reward for meeting production quotas, but we didn't have enough time to eat or drink. Levi's paid a piece rate, so in order to get more money we had to produce more. Management put a lot of pressure on the workers to produce, and many of us, particularly the older women, could not keep up with the pace.

By the time they closed the plant we were producing $70 million annually in Dockers and Office Corp pants. When Levi's added Dockers pants and jackets to our workload, they hadn't updated the machinery. Because of the increased workload and inadequate equipment, we had to put in more hours at the factory for the same piece rate. We worked day and night and couldn't keep up with the pace of production. A lot of women injured themselves on the job. In fact, one of the reasons that Levi's closed down the plant in San Antonio is that many of the workers suffered injuries like carpal tunnel syndrome from all of the hours of repetitive work as machine operators.

But at that time, we lived for the company. We were honored by the few things they gave us. We never heard any workers say, "You have a voice; you can say this isn't right or that isn't right." We didn't know anything about workers' rights. The closing of the plant was what pushed us to organize. Fuerza Unida started that same day.

When management announced that they would be closing the plant, we workers walked out together in opposition. We were met by the Southwest Workers Union (SWU), an organization of low-income workers and families in San Antonio that was picketing outside on our behalf. They encouraged us to organize and educated us about our rights. We received a lot of support at the local and national level, from labor unions and other community-based organizations.

After the plant closed, we held our first meeting at a local church

in San Antonio. That night, seventeen workers from the factory
showed up. Together, we chose the name Fuerza Unida and agreed to
meet weekly to plan a response to Levi's. From there, our organization
quickly grew to six hundred members, nearly half of the plant.

The early years were exciting, but difficult. We were new to organizing. We didn't know how to stage a protest or give public talks. Between
1985 and 1990, Levi's closed twenty-six plants in the United States, including three in San Antonio. But we were the first Levi's workers to
fight back. We demanded that the company pay the workers what they
deserved, including their pension. We wanted Levi's to compensate all
workers who were injured in the factory—and we wanted our jobs back.

We launched a boycott of Levi's, picketing outside the factories
that were still open in San Antonio, and at local malls. We even took
the fight to Levi's corporate headquarters in San Francisco. For over a
year, with the help of SWU, we held a protest outside of their corporate office while maintaining the pressure in San Antonio.

Our campaign against Levi's served as an example for other workers who faced plant closures across the country. When we started, most
of us were Mexican immigrants with little education who didn't know
how to speak English very well. Our story told other women that they
too could organize and fight back. We worked with women at other
factories from San Antonio to San Francisco. Because of our struggle,
Levi's adopted a more generous severance package for workers at other
plants that closed down after ours.

Now, Levi's is gone. They shipped Austin's Zarzamora Street plant
to Costa Rica and later closed down all of their plants in the US. Years
of protests didn't get us everything we were demanding, but we did

get an education, experience, and training from being part of a social movement, from the work it took to build Fuerza Unida. That has been the best payment we've received. Fuerza Unida has been a sort of school for us. We started here as kindergarteners and we haven't graduated yet. We don't feel totally satisfied, because there is still a lot to learn. Political education is critical for us. We constantly ask ourselves: What is happening in our community? How do we get involved? How can we get more organized? Where do we go from here?

After twenty years, Fuerza Unida is still here, still struggling, still organizing. We are seeking alternatives, helping to create dignified jobs and meet the needs of our community. Fuerza Unida emerged out of necessity. It has been and will continue to be an organization for the community, for low-income people, for immigrants, for the people who want to make change.

BEYOND LEVI'S

In the late 1990s, we held a meeting and agreed to expand our focus and organize all workers, whether they were from the Levi's plant or not. We also started to work on issues beyond the workplace, responding to the various needs of our community. We now do get-out-the-vote work. We have information for those interested in becoming citizens. We do workshops for domestic-violence survivors, and about immigration. We provide social services related to health. We have a food pantry and we organize with youth in San Antonio. These initiatives have come out of monthly meetings where different members of the community talk with us about the issues they're facing, about their needs.

Solidarity with groups in and outside of the United States has been critical to our struggle. Our work is not done alone. We have to network to support and learn from one another. We have taken our message on the road to speak in New Mexico, California, and Washington, to let other groups hear our story. This is one way we combat the challenge of neoliberalism, by building power with groups across the country, with workers like us.

A couple of years ago, we met with members of a seamstress cooperative from Mexico at a Fair Trade event in Austin. We learned about their needs, their struggles, and they learned about ours. Inspired by their work, we formed our own seamstress collective with former workers from Levi's and other women from the community. We make pajama tops and bottoms, recycled bags, alterations, scarves, and t-shirts—and we are now moving toward making blue jeans. Through the sewing collective, we have more control over our work. But we're not only making products. While we work, we talk about politics. We talk about what is affecting our community, and it becomes a space for us to organize.

The seamstress collective helps us provide jobs and bring needed funding into Fuerza Unida. But the organization is also sustained by our membership. Members pay annual dues and in exchange receive educational workshops, access to our food pantry, and a voice and vote to guide the organization's mission and programs. This organizational model, which is similar to a union, is supported by the commitment of our members, who are guaranteed the right to shape the future of our organization. We are all in the same boat. We are all fighting for the same vision.

CURRENT CONDITIONS AND FUTURE STRUGGLES

We have now dedicated more than twenty years of our lives to social, economic, and environmental justice, and to developing other community leaders in the city of San Antonio, particularly through immigrant families. Today, as when we started, we face many challenges. One of the them is creating new leaders in the immigrant community. Not just anyone can be a leader. It is a difficult role, especially to be an honest leader. You can be corrupt, seeking only to satisfy your own personal needs. But a real leader is there for the community. They develop out of necessity, and at the end of the process they stand out. The members of Fuerza Unida who have joined the board of directors are there because they have given themselves to the organization. They have been long-term members and understand the importance of organizational development, leadership development, and the struggle of Fuerza Unida. You don't become a leader just because you want to be a leader. You have to feel it. You have to think about what it means and practice that in order to change oneself and one's community.

Gender discrimination is also a big obstacle on the road to giving voice to the Latin@ immigrant community. As women, we experience discrimination not only at work, but at home as well. Our husbands have told us, "You stay in the house to take care of my kids, make them food, and make me food. Your job is not to be out organizing." We try to highlight this in our talks with community members. Men think that women don't have the same rights, that they shouldn't take to the streets, shouldn't speak out. And this gender discrimination isn't limited to our husbands and brothers. It also comes from those in positions of power. Other immigrant leaders have made us feel as though we don't have the education to be leaders or spokespeople for our community. But here at Fuerza Unida, we've proven that we can be leaders as women, as immigrants. Despite our lack of formal education and the fact that we had never organized before, we have created a new path. They may be small changes, but we made them.

Of course, one of our biggest challenges is the failure to pass immigration reform. Our community needs permission to work. We believe everyone should work in a just workplace where they are treated with respect and can provide for their families. We want our members to have the opportunity to be a citizen or a legal resident so they can stand up for themselves more easily. Once you're a citizen, you can register to vote. You can have a stronger voice in the political process. Yet it seems as though the process to become a citizen has become even more difficult. Politicians have made it even harder. They fear people organizing to make change. That's why they put up so many barriers. But that doesn't mean that we're not going to keep moving forward.

The mainstream media and politicians talk about Latin@s as a minority, but things are changing. Imagine how things would be different if we could vote. What would happen if twelve million or more undocumented folks could vote? They say we don't have rights because we are immigrants, but this land is ours, it used to be Mexico's. As they say, "We didn't cross the border, the border crossed us." Our struggle has been going on for over five hundred years in the Americas, so we are ready to keep fighting.

Even if we achieve legalization, we need to continue the struggle. We need to keep moving forward to strengthen our movement. Those in power will never stop planning how to destroy us as immigrants, as indigenous people, as poor people, as people who value human rights. It's a constant struggle, because those in power will always want more power, and that requires knocking down those at the bottom. So, we can't let up. We can't let our guard down.

That's why we aren't only fighting for citizenship. We also help develop our members into community leaders. We have workshops, membership meetings, and cultural events. Achieving our vision of justice and human rights for all requires continual work. We need to continue the struggle if we want to live in peace and solidarity. Having the right to vote is important. But it's not the only way to get involved in social, political, economic, and environmental struggles. Struggle is a way of being until we achieve justice, until we achieve peace, until they stop violating the rights of all people.

Starving for a Dream
Undocumented Youth Up the Ante

Pamela Reséndiz

For my mother and all the mothers who handed over their dreams so their children could fulfill theirs.

For twelve years, I lived in the shadows. Being who I was, undocumented, was an unmentionable subject. My odyssey in this country began at the age of nine on July 26, 1998, with my mother, father, and older sister. I came to the US having just finished third grade. For over a decade, I hid my immigration status from my friends, community, and teachers. I broke my silence to the world the day I turned twenty-two and started a hunger strike with two other students calling on Senator Kay Bailey Hutchison to support the DREAM Act.[1]

---

1   The DREAM Act (Development Relief and Education for Alien Minors) is a piece of legislation that would allow qualifying undocumented youth a pathway to citizenship by requiring completion of a college degree or two years of military service. While there have been some questions from some progressives about supporting the DREAM Act because of the military component, I think it is important to support the Act as it is. I have met military DREAMers who want to serve this country, and I think it is important that they have the same opportunity I would have as an undocumented student to legalize my status.

I am a native of Mexico City, but like the 2.1 million DREAMers (undocumented youth) living in the United States, I call this country my home. My story is one of many. My family and I crossed the border at night on a first-class charter bus with a tourist visa four years after the North American Free Trade Agreement (NAFTA) devastated the Mexican economy. My family came to the US after trying hard to stay in our native home, even after paying the bills became increasingly difficult. My parents could see that staying in Mexico was no longer an option.

I had known since the first grade that my family and I were not going to be able to stay in Mexico and that moving to the United States was part of my future. My father had just gotten laid off from Banamex, one of Mexico's largest banks. It was 1995 and the Mexican peso, as well as the economy, was sinking. My mother and father would discuss moving to the US, but my mother, thinking of me, said we couldn't move until I had learned Spanish. She knew that coming to the United States would mean that they would have to work long hours at odd jobs, and that they would not be able to spend as much time with my sister and me. She wanted me to be fluent in my native tongue because she understood the importance of being in touch with my heritage, and that meant understanding, writing, and reading Spanish.

After many whispers and conversations behind closed doors, my father decided to become a taxi driver in order to keep us afloat for two more years until I had become literate in Spanish. My father had been a private accountant for Banamex before he joined the sea of taxis that swim in the streets of Mexico. He was an educated man,

---

While I am personally against war, I don't want to take away the same opportunity I am fighting for from other DREAMers. I believe that those of us that are against war should organize together to end war. That should be our strategy, not of fighting among ourselves.

but professional jobs in Mexico were next to nonexistent. My mother worked at the same bank as a secretary. She too was laid off due to the economy. Because Mexican society deems older people dispensable, she and others were replaced by a younger more inexpensive workforce.

For three years, my family struggled to make ends meet, until I was able to finish the third grade and my sister completed elementary school. On the last day of school, the halls were showered with multi-colored balloons, and children, dressed all in white, flowed in and out from the classrooms with excitement for the end-of-year celebration. The entire school was filled with joyful cries, but my heart was in two places. I was proud of the hard work that year that led me to receive the highest award in my class, but I was carrying the sorrow of know-ing that, at end of the ceremony, I would have a long journey ahead of me. I would have to say goodbye to my childhood friends, the people I had grown up with. Usually, on the last day of school, my friends and I would all hug and discuss what classroom we had been assigned to for the upcoming academic year. Then we would wish each oth-er a safe summer and say goodbye. This year was different. I was not just saying goodbye until next year; I was saying goodbye forever. My friends did not understand why I was so upset; they kept telling me that it was just for the summer, and that I was going to see them again when school started. But they did not know what I knew. By the end of the summer, I would be moving to the United States and I was not going to see them again. Worst of all, I could not tell them the truth. My friends were trying to console me as tears filled my eyes. I wanted to scream an explanation, but I was silenced by the weight of the future.

My older brother had to stay behind to complete high school. Our parents had always been open and honest with us. It was no secret what was soon going to happen, and by the end of the school year our future was solidified. Just before moving and leaving behind everything I knew—my relatives, my friends, my roots, and my country—my mother took me around the city and showed me historical places, reaffirming the permanent change that was about to happen.

Even before I moved to the United States, I had learned that my immigration status was a prohibited subject and was not to be discussed with others. I knew when we crossed the border that at some point I was going to be undocumented, that the tourist visa was going to expire and that I was going to be living a clandestine life.

My family was fortunate enough to have relatives living in Texas. Not only were our relatives already established and settled, but they were citizens of the United States. The bus ride was sixteen hours to the border, sixteen hours of seeing Mexico in a way that I had not seen before. Looking out the window, I waved goodbye to the green fields and the humble people of my country.

My uncle, Luis, was one of my fathers' eight brothers. He was our rock when we moved to the US. Texas was going to be our new home, and Luis picked us up from Laredo, a six-hour journey each way, welcoming us to his home, and treating my sister and me as if we were his children. For the first seven months we lived with him in Royce City, a small Texas town. While living with my uncle, we stayed in one bedroom. Four people living in such a small space was only temporary until my parents were able to get our own place. My uncle had opened up his home to us and helped us settle in. I will always be thankful for him.

I remember my first day of fourth grade; it was surreal. My uncle dropped me off at the door of my homeroom and I remember thinking, *"What's going to happen?"* I didn't speak a word of English. The first time my teacher addressed me, all I could say was *"Pamela,"* but I had guessed right: she had asked me my name. She showed me my seat, and then she and my uncle spoke. He informed her that I didn't speak English and that I had recently moved to Texas. I was so grateful for my uncle and for my teacher. She was very understanding and kind. The rest of the day was a blur. Everything was different: the classrooms, the desks, lunchtime, recess, and the schedules.

As weeks passed, I got the hang of it. I would sit at my desk while my teacher was going over the lesson plan of that day, and around 12:30 PM, all the Spanish-speaking students from fourth, fifth, and sixth grades were given English as a Second Language (ESL) classes. This was meant to help us with our schoolwork, to learn English, and to go over anything crucial that we needed to know. I was starting over. I had to learn the language. The ESL class helped me transition. Little by little, I began to communicate with my homeroom teacher, and stopped being so uncertain and scared.

After seven months in Royce City, we uprooted again to plant ourselves in our own apartment in Rockwall, Texas, just outside of Dallas. By then, our tourist visa had already expired. I knew that our stay in the United States was unauthorized by the US government, but I didn't know what that truly meant. Royce City and Rockwall were nothing like Mexico City. Royce City had cows and horses and Rockwall was what I imagined the American Dream looked like. It was the suburbs. I had never seen so many homes that looked the same, the carefully manicured front patios and the mansions that surrounded the lake. Rockwall was a rich county; as a matter of fact it was the second richest county in Texas.

My parents worked extra hard so that we could move to the nice apartments in town, but when they tried to enroll me at the nearest elementary school the school district didn't accept me. They told us that I didn't speak sufficient English, and that I had to enroll at another elementary school that had an all-day ESL program. At first, I was relieved that it wasn't going to be like my last elementary school, where I felt isolated from the rest of my homeroom. This classroom would be made up of students who spoke Spanish as their dominant language. My teacher, Ms. Cruz, was like an angel. She was Puerto Rican and you could see her passion for teaching and educating students who were in the process of learning English. I was content in her classroom. By the end of fifth grade, Ms. Cruz encouraged me to transfer to the English-speaking elementary school. She said that I had what it took to be in all-English classrooms, and had the potential to excel.

I entered sixth grade a bit scared. I had learned English, but was still self-conscious because my new elementary school was one of the best schools in the area. Not long into the school year, my teacher had me tested and I was placed in the Talented and Gifted program. That's when I started to realize that, even if I could excel academically, my future was going to be different from my peers. Fellow students constantly asked where I was from. Being Mexican was really rare in a place that was predominantly white. They would ask how I came to the US. I would tell them my well-rehearsed lines, *"I moved here two years ago and I have a visa.*" That was the line I was told by my parents to use if anyone asked me about my immigration status. Seventh and eighth grade were very fast paced, but each day I became more aware of the reality of my situation. My family was not like the rest of the families in Rockwall. We didn't come from old money. My parents worked very hard to make ends meet to give my sister and me everything they could.

In high school, I was in the advanced classes, but it seemed more each day that I wasn't going to be able to afford college. Even if I knew how to apply, being undocumented was a plight that I was going to be fighting for a long time. My family submitted our immigration paper work in 2001. By then, 9/11 happened, I recall my mother telling us how much harder being an immigrant was going to be in this country.

Slowly, gradually, the feelings of being different than my peers appeared in every direction I turned. Senior year came around and by then I had found a group of friends who were different as well, but they weren't undocumented, they were gay. Rockwall is a conservative place and being cut from a different mold was not always welcomed. My friends were openly gay, and I gravitated toward them because I could relate to being different in a place where being a carbon copy was glorified. One day, while hanging out, I finally told them that I was undocumented. After years dodging questions that most teenagers can answer, like "Where is your after-school job?" "When are you going to get your driver's license?" and "Where are you going to go to college?" I told them the truth. I remember being relieved when I shared what I had been carrying inside for the majority of my life. I had come out to my group of close friends, but the challenges of being undocumented continued.

After high school, I moved to San Antonio to attend college. It was a change of scenery from the suburbs. The atmosphere was different; it was a breath of fresh air. I could see my heritage and roots all around me. I began organizing and advocating for immigrant rights and the DREAM Act my freshman year of college. Although I wasn't out as an undocumented student, I was involved in the marches and rallies that grassroots organizations in San Antonio planned.

As an undocumented college student, I lived in fear of being arrested, fear of people finding out my legal status, fear of people judging me, and in constant anguish each semester that I would not be able to continue my education. Last year, all my fears became reality, and I had to face them. I was wrongfully arrested in the streets of Austin the day before I was supposed to head to Washington DC for the largest immigration rally of 2010. One minute I was speaking up against police brutality, then I blinked and a policeman shouted, "That's enough out of you," dragged me off the sidewalk, and shoved me into a paddy wagon. That's when I knew my life was about to change completely. All the times *mi mamá*/my mom reminded me I was *not* a normal teenager, a normal college student, because of my immigration status, came flooding back.

As I sat in the blue chairs of the general population at the Police Department, all I kept thinking about was how the end of my story was going to be different than everyone else in the room. I wasn't going to get to see the judge. I wasn't going to get my hearing or bond and walk out the next morning. I wasn't going to be considered innocent before guilty. When the Immigration Custom and Enforcement (ICE) officer approached me and said my name, I knew my incarceration was truly about to begin. He had a clipboard with all my information already filled out. My secret was no longer a secret. After that, I experienced the loneliest days of my life. I was being held because of my immigration status, something that hadn't changed since I was nine years old, when I had first moved to the United States. I was now a statistic of "Secure Communities."[2]

I was jailed for two days in a cell specifically assigned to people with my immigration status, and all of the guards knew why we were there. I felt what it was like to not exist in people's eyes and hearts. Even though my mom had reminded me that I was different than my peers, I never really accepted it. I wanted to believe I could be whatever I wanted to be, not what I was told I could be because I lacked a social security number. I told myself that day that I was not going to sit by and allow another undocumented youth to experience what I was going through. I was going to fight, and keep fighting for equality and justice, so my peers didn't have to hide. I didn't want anyone to be afraid of who they were because of their skin color, or because they were born in a different country or didn't have a social security number, because those concepts were created to segregate human beings.

It was not until I was moved to the T. Don Hutto Residential Center, one of the most infamous immigrant detention centers in Texas, that I understood how broken our immigration system is. I was now at a modern concentration camp, in the land of the free. I was no longer a

2   Secure Communities is a program of Homeland Security that relies on partnership among federal, state, and local law-enforcement agencies. Any foreign-born person arrested for any reason, before a trial and conviction for any accused crime, may be held under Secure Communities by ICE officials to determine if they are authorized to be in the country. Secure Communities has come under fire by immigrant and civil rights groups, who say the program has led to civil rights abuses by overzealous and anti-immigrant police officials. Additionally, opponents argue that the program undermines law enforcement efforts, because immigrant communities fear reporting violent crimes to police.

person, but rather an alien number. I was now forced to live the reality of the undocumented, everything that I had been trying to avoid since I was nine years old. Now, I was a scared twenty-one year old. I stayed at the detention center for four days before my friends and family were able to help me. While I was detained, I met so many amazing women who were just like my mother, my sister, my undocumented friends, and me. Though we were all at the detention center at the same time, life had dealt me a different hand because I was a student who had a home and a family in the US. I had a support system that was able to get me an excellent attorney. I was also lucky because I had entered this country with a visa and was a student. My case was given prosecutorial discretion, which allowed me to stay in the country and not be deported, something most other immigrants never get.

As I exited the detention center, I made myself a promise to never forget what I had experienced that week. It was my junior year and spring break, and I spent it differently than most of my peers. That spring break I learned I was going to fight for justice and equality, and most of all that I was not going to be afraid to speak up anymore. I also learned that I would always stand next to those who are demoralized and estranged. I no longer had any fear. I was facing deportation. If I was going to get deported, I was going to make sure I was heard first. It was at this point that I decided I could no longer pretend and continue with the rehearsed lines about my visa, something and someone I was not. Coming out as undocumented was liberating. I no longer had to make excuses. I had witnessed the voice of immigrant youth on the frontlines of the current civil rights issue that this nation faces. It was their strength and courage that fed mine.

After my arrest, I saw no point in hiding my story from anyone anymore. I began sharing and speaking to my community about the reality that undocumented students face every day. This evolved into creating an organization for undocumented students led by undocumented students and their allies in the San Antonio area.

When school started that fall I and the other two founders of the student group DREAM Act Now! (Adam Socki and Lucinda Martínez) started working on gathering petitions, speaking at other schools in the area, and attempting to raise awareness about the DREAM Act. On a daily basis, I saw the Latin@ community continue to be attacked, belittled, intimidated, and deprived of its basic human rights; day after day, I saw chauvinistic laws oppressing people of color, while masquerading as justice. In response, we came up with the idea of holding a hunger strike. It was an idea that Texas DREAMers chose in order to mobilize and increase the consciousness of a community that could no longer remain dormant.

We began the hunger strike on November 10, 2010. The DREAM Act was up for a vote and we wanted to give it our all. We could no longer stand on the sidelines and watch as politicians played games with our futures. Our primary goal was to get the attention of our school, our city, and demand that our Senator, Kay Bailey Hutchison, stand up for justice and cosponsor the DREAM Act. We faced many challenges. We wanted to stay true to our vision and reasons why we started the hunger strike. We were putting ourselves and our health at risk to fight for what we knew was right: equality.

The reaction from students on my campus, as well as from other parts of the country, was positive. From day one of the hunger strike, we explained to our peers what the DREAM Act entailed and whom it would benefit. We saw that students believe education is something that should be accessible to all people, regardless of immigration status. Our action also encouraged other DREAMers to come out and share their stories. Strength and courage replaced the sense of helplessness once felt by fellow DREAMers. Even though we faced and continue to face opposition about the DREAM Act and immigrants' rights, we see that we have opened the door to start a dialog. It is a topic that is now discussed, and the taboo and misconceptions about undocumented youth are being changed by the power of our stories.

For those of us who took part in the hunger strike, it was an experience we will never forget. We saw our community unite and stand behind our cause. After the first day of the strike, Senator Hutchison sent out a message stating that she understood our plight, but wished for us to use safer ways to express ourselves. From that moment on, we were determined to share our message. We thought constantly of how we could challenge ourselves by being more bold with our actions to raise more awareness. On the fourth day of the strike, we walked fourteen miles from our main campus to the downtown campus as a way of paying respect to all the people who have died crossing the border seeking a better life. It was also a small way of honoring the previous year's "Trail of Dreams," when elder DREAMers walked for six months to convey the urgency of passing the DREAM Act. Gaby Pacheco, one of the participants of the Trail, joined us during our walk to support us.

As each day passed, we gained more and more support from our community and from the national DREAMer community. The hunger strike became a national story; we successfully encouraged other organizations from different states to join us on the strike to help build momentum and strength for our cause. We had challenged ourselves to give it our all; we would have no regrets that year, and would know that we had done everything we could to reach our Senators and the broader community.

Finally, we did a sit-in at the office of Senator Kay Bailey Hutchison in San Antonio, and utilized the Internet as a channel that could not censor or negate our existence. The mainstream media used our reports for the evening news, but we did not have to wait for them to reach our audience. We created our own story and communicated the events that were happening, in real-time, using social media to reach our supporters. By using technology as a tool for our activism, we reached the older generation who watches the evening news and a younger generation who uses social media. The DREAM Act did not pass that year, but what we learned by participating in that strike could not be taken away from us. As DREAMers we mobilized like never before and gave birth to a new chapter in our battle.

As we move forward it is important to remember that there are going to be differences of opinion and tactics, as with any movement. There are going to be moments when a division could hinder the movement and affect the overall strength that unity brings. Strong communication is key to achieving our common goal. If communication is lost, then part of the movement will be hurt. It is imperative that communication and respect be our guiding principles for the movement when it comes to employing different tactics and strategies. It is also important that the movement is led by undocumented youth. There might be times when the voices of allies overshadow the voice of DREAMers. It is crucial that DREAMers direct where the movement is headed, since they are on the frontlines, and we need to make space for all DREAMers to have leadership roles. Through my work as a DREAMer, I have learned that equality is crucial in all aspects of our work. As a womyn, I see sexism is something we need to confront in our organizing work. The voice of each DREAMer needs to be heard, and womyn need to be respected and encouraged to engage in leadership roles within the movement.

Coming out as an undocumented student and being involved in advocating for the DREAM Act has affected me deeply. I now constantly think about the empowerment of my community. I no longer let my situation divert me from what I want to be. I realize now that my story and my words have the power to change the situation undocumented students and immigrants face. I have learned it's important to organize for your own cause, because I know the experience of what it is to be undocumented. It is important for our movement to have outside help from allies, but it is equally important that undocumented immigrants lead our own efforts, because no one else can narrate the experience of being an undocumented immigrant. We need to see our cause not only as a civil rights issue, but also as a human rights issue: we are fighting for something as basic as the right to equal access to education. I think we face particular challenges in organizing for ourselves as undocumented immigrants. We have to change a mindset that keeps many people in our community from speaking publicly about their status. Fear has kept many people from coming out, but now is the time to transcend that fear.

When another DREAMer shares his or her story, they build momentum for the movement. It has allowed me to feel connected and continues to encourage me to fight for broader social justice. I have a community of students who have struggled and survived, and who advocate alongside me. I am part of a family of DREAMers. After legalization, it will be important for us DREAMers to continue to organize for others. For me this struggle is about creating equality in our society, and the only way to do this is to keep fighting for social justice. I see the DREAM Act as an important stepping stone to equality for all immigrants, but then us DREAMers will have to keep up the fight for others in our community, because we share their experience, and our destinies are tied together.

WE WILL NOT COMPLY

ABAJO CON SB1070

Design by DignidadRebelde.com | Photo by Diane Ovalle

SECTION III
The Future Struggle

Introduction

The immigrant rights movement exploded in 2006 with mega marches that called for immigration reform and *"legalización ahora/legalization now."* At the time, seasoned organizers and community activists pushed for a deeper understanding of equality beyond documentation, but overall the movement lacked a cohesive vision beyond the short-term call for legalization. After the 2012 presidential election, in which 75 percent of Latin@s voted for Barack Obama, immigration reform is once again being talked about by both Democrats and Republicans. Two days after President Obama won, Republican House leader John Boehner developed a new-found interest in seeing immigration reform passed, calling for a "a comprehensive approach" that "is long overdue." Boehner's perspective on immigration was curious, given that just a few years ago he had been open to proposals to amend the US Constitution to exclude the birthright to citizenship for children of undocumented immigrants.

As the movement again sets its sights on legalization, we need to craft a vision beyond a basic guarantee of work authorization. Both the left and right have long called for "comprehensive" immigration reform (CIR), yet each side's prescription of how to fix our broken immigration system is distinct. Today, Republicans and many Democrats consider CIR to mean a continued strategy of mass criminalization of immigrant communities, through targeted policing and sweeping deportation programs. These programs have led to a record number of immigrants being deported under the Obama administration and civil rights investigations by the Department of Justice against the likes of Sheriff Joe Arpaio of Arizona.

Moreover, CIR could simply mean the implementation of limited guest worker programs that offer no pathway to citizenship. These programs would create a permanent second-class category of workers, who most likely would be subject to gross violations of their workplace rights, given that past and present programs have been rife with labor abuse. Guest worker programs also offer the additional challenge of making labor organizing more difficult by giving unscrupulous employers another tool to bust unionization efforts. Under these programs, employers can easily threaten to stop sponsoring a worker, ending their ability to work legally in the country.

Given that comprehensive immigration reform will most likely fail to address long-standing social and economic inequality faced by undocumented immigrants, seasoned organizers do not see CIR as an endgame for the movement. This section will highlight the voices of some of these organizers, who are crafting and implementing a vision for the movement beyond legalization, a way forward that addresses the inherent inequality of our economic and political system, which continues to perpetuate gross racial and ethnic disparities. These community leaders are taking the people-power of the immigrants' rights movement and directing it toward making major shifts in power and consciousness among individuals and communities.

What these stories share in common is a vision based on the recognition that the legalization of an estimated eleven-million undocumented will bring needed protections and rights to a vulnerable population, but will not address the systemic nature of the racial and economic inequalities experienced by Latin@ immigrants. These organizers understand that being granted the legal right to work at a minimum-wage job with few benefits or rights, while forced to live under a criminal system that continues to disproportionately target Latin@s, has nothing to do with equality. These organizers recognize that equality and dignity cannot be granted by the state, but requires a long-term struggle that shifts the power imbalance and changes how our society is structured.

Honduran immigrant Dennis Soriano found himself working as a day laborer to rebuild post-Katrina New Orleans. He quickly became one of the most dynamic day-labor organizers in the country. As an organizer, he learned the critical importance of organizing as low-income people of color by bringing Latin@s and African American's together. Soriano's racial justice framework offers a needed perspective to address long-standing inequalities and divisions within the movement.

New worker organizing strategies led by immigrant-based organizations are critical to the labor and immigrant rights movement. The Coalition of Immokalee Workers (CIW) in Florida, which grew from a small volunteer project to a national network of student and faith leaders, has taken on one of the most cruel and exploitative industries of immigrant workers: agribusiness. Lucas Benítez, co-founder and former farmworker, speaks to his experience in helping build the CIW. Their work inspires a vision of how to take the immigrant rights and labor movement forward, by building a broad movement where those most directly impacted are at the forefront of delivering change to their communities.

Unionization and worker organizing efforts have sought to improve the quality of life and working conditions of undocumented workers, most of whom labor in low-wage industries. However, new initiatives to create dignified jobs for immigrants are being attempted from New York to California, through worker-owned cooperatives. In a worker cooperative, ownership and control of the business are shared equally among the workers. Through collective ownership of cooperatives, workers have a direct stake in their economic well-being, as well as a direct say over key decisions that affect the conditions of their workplace and ultimately their lives. For over 150 years, worker cooperatives have thrived in a range of industries around the world, providing a powerful vision of a more just and sustainable economy. Across the US, Latin@ immigrants have embraced the cooperative model as a way of escaping abusive conditions in low-wage industries, particularly in house cleaning, and gaining more control over their lives. In Ivette Meléndez's essay, her personal transformation, from an employee at an abusive cleaning company to a worker-owner, speaks to the impact of the cooperative model and its potential for liberating immigrant workers from the exploitative nature of business as usual.

Undocumented students, or DREAMers, have been at the forefront of the legalization movement, successfully pushing President

Obama in June 2012 to grant them work permits and the ability to evade deportation if stopped by police. The president took this action in direct response to community pressure by undocumented students who occupied his campaign offices during his bid for re-election. These young organizers have learned the importance of building a national base and how to employ direct action to achieve their goals. This section highlights a DREAMer who is linking undocumented student organizing efforts to broader movements, as a long-term strategy to win equality. DREAMers will play a leadership role in the future of the movement, and their voice and continued organizing efforts are crucial to the overall Latin@ community.

After the 2012 election, Latin@s and immigrants have gained new influence in our nation's political system. The movement has an opportunity to use this clout to not only achieve its call for legalization, but to continue its fight to win dramatic cultural, labor, and economic changes. The conditions we face are critical. Today, nearly one in four Latin@s live in poverty in the US; Latin@s are one of the fastest growing prison populations; 31 percent of Latin@ high-school students drop out; and Latin@ immigrants are more likely to die on the job than US-born workers. Legalization will fail to solve these problems, yet the grassroots leaders and organizations that were born out of the immigrant rights movement will continue to spearhead efforts to address these issues.

As Brazilian educator and social movement philosopher Paulo Freire said, "The greatest humanistic and historical task of the oppressed: to liberate themselves." This of course is no easy task. There is no guidebook, and as Freire also said, one "makes the road by walking."

All movements are part of an evolutionary process; likewise the immigrants rights movement is still young, and developing its own vision and path forward for the long road ahead.

Building a New Labor Movement
Immigrant Workers Take on Fast Food Giants

Lucas Benítez
COALITION OF IMMOKALEE WORKERS

In Mexico, things have always been difficult for small farmers. There is no assistance or subsidy from the government, and at the end of the harvest your product is bought cheaply at a price dictated by large monopolies. For generations, my family produced beans and corn, which we would save for our own personal consumption and sell the rest to cover our production and personal costs from harvest to harvest.

I still remember when things started to become even more challenging for us than the difficult reality we were already living through. In the 1990s, the Mexican government began talking about a trade agreement that would be good for everyone, and would provide more opportunities for small farmers. We would be able to compete in the large international markets. According to the Mexican government, it would be easier to export our product to the North, especially to the United States and Canada. With these and other lies, they tricked us into accepting the North American Free Trade Agreement (NAFTA).

It was at that moment that the real story of our survival began. Our situation went from bad to worse. We were now competing in a market where agricultural products from the North could be sold at much lower prices than those of Mexican farmers. We simply could not compete. In Arcelia, Guerrero, where I'm from, we only had about eight tractors for a population of just over thirty thousand, with 90 percent of the people engaged in agriculture. This meant we had to pay to rent the tractor or employ people to do the same work the tractor did. How could we compete with the great agribusinesses in the United States, which control most of the argricultural production and enjoy huge financial subsidies and legal incentives from the US governenment? This is how we, those of us who had been agricultural producers for generations, became the new landless children, thanks to NAFTA.

Mexico, which had long been an important producer and grain exporter, quickly began importing from the same countries to which it had been exporting. As a result, Mexico became one of the most important countries in the exportation of cheap labor to the US and Canada—the same two countries that had supposedly "lifted us out of poverty."

This is why hundreds of thousands of Mexicans feel that we were forced from our lands and obligated to look for work in large cities within and outside of Mexico. When we couldn't find opportunities in Mexican cities, we were left without any other option but to head to the North.

The US is a foreign land, far from our families and our ancestral roots, where we are proud to be born, proud to die on the same land as our forefathers.

When you arrive to the United States, "the land of opportunity," you think that your problems will be solved. You arrive with three goals: start working, save some money, and then, in a few years, go back and be with your people. Why do we think it is so simple? According to the stories we have heard—on the television, in the news, and even from friends of ours who lived in the north—everything in the United States is beautiful. Life is more relaxed than in our country. With beautiful cities like Miami, New York, and Los Angeles, you imagine that work in the US will be much more simple, and that what you will earn in one day is what you would earn in a week in your country. No one shows you the other side of the coin: that in the United States you are a simple peon. You do not matter as a human being to the company or the boss you work for. They only see you as a machine to be used and exploited in the shortest time possible. They will throw you away when they are done with you and find a replacement at the first sign that you are no longer needed for production at a company where you spent the best years of your life. They won't care how much time you worked for them, or how much you sacrificed to be there when they needed you.

Immokalee, Florida is not exempt from this reality. Immokalee is comprised primarily of three immigrant communities: Mexicans, Guatemalans, and Haitians, who do agricultural work. Due to its geography, Florida, and Immokalee in particular, is an ideal place to produce many different kinds of fruits and vegetables. Every year during the months of November and May, Immokalee becomes the country's largest producer of tomatoes and citrus fruits. To put this into perspective, 90 percent of the tomatoes consumed in the United States in the winter are from Florida.

When I arrived in Immokalee, after several days of travel, it felt like I was in a rural village in Mexico. There were dirt roads, and I mostly heard people speaking Spanish, Creole, and indigenous languages of southern Mexico and Guatemala. The language I heard spoken the least was English. I asked myself, "Where are the beautiful buildings and beaches of Florida?" But we were here to work and save money. So the day after I arrived in Immokalee, I did as I was told to do by the people I came to live with: wake up at 4 AM to make food and go out to the main parking lot to look for work. If I had luck, I would find a contractor who would take me out to pick tomatoes, oranges, or do some kind of agricultural work.

As an agricultural worker, you are ready for the day that awaits you. You know that it will be a long day of hard work. But what you are not prepared for is the lack of respect from the contractor who picks you up, and all the supervisors who work for the company. Verbal abuse is the most common, but you also see how they sexually harass the women who are working with you in the field. At the end of the day, you are exhausted, not just physically but mentally. After putting up with all the humiliation, you feel powerless to do anything about it because you know, if you do, you will lose your job.

I used to ask myself, "Is this the United States? Is this the land of opportunity?" I wouldn't allow myself to believe it. I had no other option but to get up the next day and go through the same routine, only to discover that the abuses did not stop there. Later I realized that what I experienced in the fields was just part of the package that the agricultural industry has waiting for you. Immokalee was basically a lawless town, where the only rule that existed was that of the most powerful. There were contractors who carried guns on their hip, watching over you while you worked, or with their rifles loaded in the back of their trucks. Many times, you would work one or two days with a boss, and on Friday, pay day, he simply wouldn't show up to pay you. And if you tried to claim your money, the boss would hit you in front of the others for saying he was stealing your salary. That is why I began hearing things like, "It's better not to say anything," "Next week will be different," or "What can you do? This is the law here."

That was normal, our daily bread. The most extreme abuses in agricultural work are cases of modern-day slavery, where workers are recruited with the promise of a good salary, free housing, and many other things, and end up enslaved, watched over all day by armed guards, unable to communicate with their families, and paid as little as $20 a week. If a worker tries to escape this situation, and they are caught, they could be killed.

As time goes on, you begin to understand that all your suffering is a legacy of conditions that have existed in the agricultural industry in the United States since its beginnings, when they used literal slaves to work the fields. Later, they took advantage of the sharecroppers, many of whom were poor, vulnerable whites. Now it is our turn, the new immigrants, to continue suffering these injustices. In the US, the agricultural industry has always been treated like a spoiled child under the law, escaping and evading laws that apply to most other industries.

What could be done to confront all of this abuse? Organizing ourselves and uniting to fight this monster sounded like the most logical approach. Should we form a union, the most traditional way of equalizing relations with an employer? But then you discover that, in the United States, farm workers and domestic workers are excluded under the National Labor Relations Act, which protects all other workers in other industries, giving them the right to form unions. And the problems of Immokalee don't end there. In Immokalee, people come and go. There are always new people. Some of us began to think that this was an impossible place to organize, not only because the workers are transient, but also because they come from three different communities with their own distinct traditions. For decades, the contractors and supervisors had done a good job of keeping us separated. We thought that the Mexican was the enemy of the Guatemalan, and the Haitian didn't want anything to do with either community. So it seemed that the best option was for everyone to stay in their own world and try to resolve their problems on their own—or to keep silent so as not to appear weak in front of others.

Despite these obstacles, in the early nineties, a small group of Mexicans, Guatemalans, and Haitians—tired of so much abuse and willing to look past our differences—decided that we wanted to change this imbalance of power between the workers and the industry, secure better wages, and be treated with the respect and dignity that we deserved.

After several informal meetings in one of our houses, we decided to form the Southwest Florida Farmworker Project. We asked for help from Guadalupe Social Services, which is part of the Catholic Church, to get a place to meet. At the same time, we were clear we couldn't always depend on them, so we started looking for our own funds to become more autonomous. Later, we left Guadalupe Social Services, along with the name Agricultural Workers Project, to create what is now the Coalition of Immokalee Workers (CIW).

During the transition to the CIW, we remained clear and focused, working to achieve our goal. We adopted Paulo Freire's method of popular education, something that our three communities knew about and had some familiarity with, as a tool for learning and reflection. Because popular education is rooted in people's experiences, it helped us analyze our reality, and we used it to help raise consciousness with our compañeros about what we wanted to achieve and change.

We follow three rigorous steps to achieve our objectives:

- Build **Consciousness** among ourselves as workers, through community meetings every Wednesday (which we continue to this day), a radio program, house visits, informative festivals, etc.
- This way one achieves a personal **Commitment** that is demonstrated by participating in strikes, marches, hunger strikes, and national tours.
- Through these means we make **Change**.

That is how our mathematical equation was born. It is the basis of our organizing method:

CONSCIOUSNESS+COMMITTMENT=CHANGE

Without this equation, which we still use, we would still be stuck with the same idea as before: It is impossible to organize in Immokalee. Through this equation, we can ensure the constant leadership development of our growing base. This model allows us to struggle in multiple places at the same time, without depending on one leader to direct us or to depend on for all of our strategy and action plans.

From 1993 to1995, we were dedicated to building a strong leadership base—conscious and dedicated to taking action, confronting the agricultural industry head on in an attempt to resolve the human rights crisis in Immokalee.

In November of 1995, we carried out the first general strike in the history of Immokalee. More than three-thousand workers stopped working for a week, without a penny to support the strike. Later, we organized a 230-mile march to the Growers Association of Florida, a hunger strike led by six workers that lasted thirty days, and many other actions through which we always asked for direct dialog with the growers. This is how we spent the first several years as the CIW.

Six years after our first action against the agricultural industry, we were able to achieve some important changes, such as the eradication of physical violence at work, the reduction of wage theft, and others. But one thing remained clear—real change was not going to be achieved this way. That is why, in 2001, we decided to take our struggle and demands to a higher level. We began focusing our efforts on the major purchasers of the tomatoes we picked, such as fast food restaurants and groceries. We asked them to intervene and help us earn a better wage by paying an extra penny per proud for each pound of tomatoes they bought from Florida. We also asked them to create a code of conduct so that our basic human rights as workers would be respected. The most important part of this program was the participation of the workers in monitoring the agreement and code.

That is how our campaign against Taco Bell began in 2001. After various attempts to get a meeting with their executive, and not receiving a reply, we launched a national boycott against Taco Bell, which is part of Yum! Brands, the largest fast food corporation in the world.

Many people questioned how such a small group of agricultural workers could take on a giant corporation, given that no union or organization had so far been able to hold companies like Yum! Brands accountable for actions affecting thousands of people. Taco Bell had publicly stated that, with their purchasing power, they can dictate the price they want to pay for the tomatoes we consume. Everything was clear to us, so we weren't intimidated. We continued with our message, publicizing the boycott against Taco Bell.

More than anything, our boycott was focused on young people, the target market of the fast food industry. We focused on visiting schools, from elementary schools to the most well-known and respected universities in the country. In the early months of the boycott, a group of students from the University of Florida became interested and committed themselves to supporting the campaign. They started their own group, called the Student/Farmworker Alliance. Their support was critical. They helped start a national network to connect students all over the country. The Student/Farmworker Alliance helped carry out direct actions on their campuses in front of Taco Bell, and they started the "Boot the Bell" campaign, which sought to pressure their school administrations to revoke their contracts with Taco Bell.

At the same time, the CIW continued to gain support for the campaign from the religious community throughout the country. This is how we were able to get different denominations to pass resolutions in their assemblies endorsing the boycott and encouraging their congregations to take action against Taco Bell in their communities, using protests and sending letters to store managers. Our faith allies also helped us get stockholders to propose resolutions in support of the boycott at Yum! Brands shareholder meetings.

We also cannot forget the support we received from nonprofits and unions, at the local and national level. It would be impossible to name all the unions and organizations that supported the boycott.

After the students managed to revoke around twenty-five contracts with Taco Bell on their campuses, after people from all different walks of life marched with us to occupy the streets of Irvine, California (head quarters of Taco Bell), and after four national tours that crisscrossed the country from Immokalee to California under the banner of *The Truth about Taco Bell*, we were able to sit down at the table to negotiate an agreement with executives from Taco Bell. After four years of struggle, we accomplished this with a diverse group of allies, and with the support of workers from Immokalee.

Taco Bell accepted our three demands: pay a penny more for every pound of tomatoes they purchased from Florida; establish a code of conduct with zero tolerance for slavery, for sexual harassment, and child labor; and allow farm workers to form workers' health and safety committees to decide when to stop working if extreme heat, thunder storms, or pesticides made conditions unsafe. It also included the right to have shade at work to protect yourself from the sun, and the right to file complaints without fear of being fired, among many other rights that farm workers are not granted under federal or state law.

The Taco Bell agreement was the first in a series of victories under the *Campaign for Fair Food* banner. In 2007, McDonald's became the second corporate giant to sign an agreement with the CIW. They came to the table to accept the agreement and our three demands without the need for a boycott. Burger King, Subway, WholeFoods, Bon Appetit, Compass Group, Aramark, and Sodexo followed. With these nine corporations participating in our Fair Food Agreements, we are starting a new era in the agricultural industry, giving new hope to thousands of farm workers.

In November 2010—fifteen years after we carried out the first general strike in Immokalee, asking for direct dialog with growers, and receiving no reply—we finally sat down with the president of the Florida Tomato Growers Exchange, which represents 90 percent of the tomato growers in Florida. The Growers Exchange signed on to our agreement and accepted the same code of conduct as the nine aforementioned corporations. They also agreed to pass on the extra penny per pound to workers each week, to a third party responsible for monitoring the code and auditing the extra penny per pound.

A new sun beginning to shine. The most important part is that we created this together as organized farm workers represented by the Coalition of Immokalee Workers, and with the support of the general public, who today are more conscious and careful about what they consume.

But our history is not finished. We are missing a link in the consumer chain to make our change 100 percent. This last link also has to take responsibility, and we can not let it get a free ride. It is now time for supermarkets to do their part and sign our agreement for fair food and for immigrant workers to come together and organize to make this a reality.

How I Became a Person of Color
Black and Brown Organizing in Post-Katrina New Orleans

Dennis Soriano

NEW ORLEANS WORKER CENTER FOR RACIAL JUSTICE

I was eighteen when I came to the US from Honduras. I had to cross Mexico by train and cross the US/Mexico border, where many people die of hunger, cold, or kidnapping. The experience of coming to the US changed my life. I was still young and my whole family depended on me. I was very close to my family and this was the first time I had left their side. I felt alone, but I had to do it—not just for me, but for my family.

In Honduras, I had a positive image of the US. On the television, everything seemed clean. I imagined having my own house. I imagined a country where poverty did not exist, where everyone was rich, everyone had money. I knew there were Latin@s and African Americans, but I also thought the majority of people were white.

My first job in the US, washing dishes in a Tex-Mex restaurant in Tennessee, introduced me to the reality of this country. I worked from 9 AM to 2 AM for $300 a week. At the time, I thought it was normal to work for three to four dollars an hour. I did not know what the minimum wage was or what my rights were. I later saw that what I earned left me barely enough to cover my costs, so I obviously didn't earn enough. This was not what I had imagined.

While I was working at the restaurant, Hurricane Katrina hit New Orleans. It soon became well known within the immigrant community that the hurricane opened up a lot of opportunities for work, so I left Tennessee and began working in the construction industry, where I learned more about the reality of the United States.

There is a lot of exploitation in the construction industry. After working for a company for only $150 a week, I began going to the street corners to look for work as a day laborer. On the corner, abuse was rampant. Employers who picked you up often didn't pay you, didn't give you water, time to eat, or breaks. If you complained about these conditions, your boss would threaten to call immigration officials or the police. All of us day laborers worked ten- to twelve-hour days. Again, I thought this kind of exploitation was normal, part of the system.

Beyond abusive employers, day laborers also experienced police discrimination on the corner. As a day laborer, you constantly have the police after you. They would tell us, "You can't stand there. Go look for work somewhere else, this is private property." The police would also arrest day laborers for being on the corner. If that wasn't enough, we were also harassed by the National Guard in New Orleans. Later, immigration agents began conducting raids on the day-labor corners. We felt surrounded on all sides.

The abuse we experienced as day laborers seemed unjust, but with so much happening to you at once, you begin to think that this is part of life as an undocumented immigrant. You begin to feel worthless. I wanted to change things, but I didn't know how, or if it was even possible. This all changed when I became involved in the New Orleans Workers' Center for Racial Justice.

One day, while waiting on the street corner for work, organizers from the New Orleans Workers' Center came to talk with the day laborers. I had seen them before. They would come to the corner and invite us to meetings, but I never paid much attention to them. I thought I didn't have time to organize. I thought it was a waste of time. I was busy worrying about how to provide for my family in Honduras. But on this particular day, I couldn't find work so I began talking with the organizers. As we spoke, over a dozen police cars arrived and arrested twenty of us, including me. We spent twelve to fourteen hours in jail before the Workers' Center, along with other community allies, pulled together the money to bail us out. When I saw how much the New Orleans Workers' Center did for me and other day laborers, I began to get involved.

In Honduras, I worked with young people to support unions and work with the government, so I had some experience with organizing, which led me to become an active member in the Workers' Center. I began going to organizational meetings and small conferences and, after six months, I became a leader, supporting the organizers on the street corners. I made calls to other workers to invite them to meetings and later made agendas for the meetings and crafted campaigns. After a year of active involvement, I became an organizer with the Workers' Center.

In the New Orleans Workers' Center for Racial Justice, we have a variety of programs, but one of the most unique aspects of our organization is our work with the African-American community. Organizing together as poor people of color is central to our work toward racial justice. We don't see this effort as an act of solidarity between Latin@ and African-American communities. We see it as work between compañeros.

In Honduras, we supposedly have three types of races: indigenous, *mestiza* or mixed race people (which is a lie since they are indigenous), and the black community. According to people in power in Honduras, black people are lazy criminals and the indigenous people are stupid. When I arrived in the US, I heard the same thing. We are told these things, particularly by white people in positions of power, to create divisions, to prevent poor people of color from working together. They know that if they divide us, they can maintain their power. They understand that if Latin@s and African Americans fight together, we have a better chance of achieving justice, dignity, and peace for our communities. We are both working to support the same system of oppression when we buy into these divisions, which is why we must create alliances, educate ourselves and work together.

The struggle for racial justice is critical, but we must also be realists. There are serious divisions within and between our communities. In the African-American community, many people believe that immigrants are taking their jobs, while in the Latin@ community some believe that black people don't want to work, that they are lazy drug addicts. We know that these divisions exist, so we need to create dialog within and between our communities. We need to sit down and talk with each other.

A critical aspect of the dialog between Latin@ and

African-American communities should be around developing an understanding of how internalized racism plays out in our communities. For example, when we Latin@s refer to "people of color," many times we think the term only refers to African Americans or black people. But this is not true. All of us who are not white are people of color, including Latin@s, indigenous people, and Asians—we are people of color. We should be proud of who we are. I am a person of color. I am Latino and I am proud of who I am and where I come from. I know that I am not inferior to white people because I am a person of color.

At the Workers' Center, we are working to change the perspectives that have divided our communities. For me, this has been a beautiful experience. I have seen what we can achieve when these two communities work together. When we have our Congress of Day Laborers, bringing day laborers from across the Greater New Orleans area, the African-American community is there supporting us. In our "Right to Stay!" campaign, which tries to get the police and sheriff to stop playing the role of immigration enforcers, the African-American community has joined us in our struggle, participating in vigils outside the offices of Immigration and Customs Enforcement. In turn, we support the African-American community in their struggles. When African Americans fight for the right to housing, or the right to be provided jobs by the local government, we are there working alongside them. We also march together each year for May Day, International Workers' Day.

We understand the need to be united. We understand that we need to organize together against the systems that oppress both of our communities, but we also need to understand the unique struggles we are facing as well as the common ground we share. This is how we can begin to work together to build power.

African Americans have suffered discrimination since they came to the United States. First they were made slaves, and later, after slavery was made illegal, they continued to be mistreated and discriminated against by this government out of pure racism. It is clear to me that even if you have papers, if you are a person of color this government will continue to treat you as inferior to white people. We Latin@s were not brought to this country as slaves, but we have been forced to come here by free trade agreements. When we come to this country, we find anti-immigrant laws, racism, and discrimination. Thus, Latin@s and African Americans are not fighting two fights—it is the same fight. The supposed difference is that the African-American community has papers and we do not. However, even with immigration reform we would continue to be treated as second-class citizens, which is the reality of the African American community today. It doesn't matter that they have papers.

Whether we have papers or not, poor people of color need to fight for their rights. It doesn't matter where you are from—Mexico, Honduras, El Salvador, or wherever: every human being has the right to be paid for their work, to receive medical treatment at a hospital if they are sick, the right to a family, to live with dignity, and live where one chooses. We need to get past the fear that tells us, "I can't go to the march because I don't have papers. I will be arrested." Fear feeds the system that is exploiting us. If we have papers or not, we have the same right to be treated as human beings. But to be treated this way, we must organize and fight together. To ensure real change, we must lead our own struggle. I learned this through personal experience.

The process of organizing has changed me forever. I have stopped being a person who only thinks about himself. I am committed to organizing to change this system. I am no longer the same person who came to this country only to work and help his family. This is a radical change in my life. Now I know that if I am going to be in this country and I want to be treated as an equal, I have to fight. No one will come fight for me. I have to do it myself, with my community. If I want equal rights, if I want dignity at work, I have to make it happen. We have to make it happen.

Still DREAMing

Manuel Ramirez

When I came to the United States from Mexico, I entered the second grade unaware of the coming struggles I would endure. My family had moved to a predominantly white, rural town in Texas, and for the first time in my life I did not know what to expect or how to communicate with my peers, who spoke a different language. That day was the worst day of my life.

I was forced to adapt to a series of culture shocks: I couldn't make friends, I was scared, and I was unable to express my fears. I had a voice—just one that others around me couldn't understand. During lunch, I sat alone, quietly staring down at the greasy food that the school provided us. In Mexico, I had always been charismatic and outgoing, but even with my good socializing skills, I had no clue how to start a conversation in English.

Adapting to this new environment also impacted my body. I gained an incredible amount of weight from the fattening American diet, compared to the diet of cactus and beans that I was used to eating in Mexico. I didn't feel cute, and my self-esteem took a nosedive. I hated this new life. I did not know why my parents had migrated here. It was so difficult to adapt. I asked myself, "Why couldn't we have just stayed in Mexico and lived the life we were used to?"

Walking down the corridors of the school, I heard the whispers. From the meager amount of English I had picked up, I could discern what the students were calling me, what they were saying about me and my family. Some of my Spanish-speaking friends and classmates would joke, calling me "wetback" or "illegal." At the time, I laughed, thinking that they were innocent and that because they were my friends they meant no harm. Now I am able to see different intentions, considering the demographics of the town I lived in, and their lack of exposure to Latin@ immigrants. They did not understand my circumstances or the meaning behind their words, because those words had never been directed at them. I had crossed the border with my family in search of a better life, and now I was being discriminated against for it. Their ignorance was a source of pain and discomfort for me. It was not until I learned how to speak English that my peers stopped picking on me.

In middle school, I began to make friends. I even became popular and well liked. But I still faced regular barriers, and I was constantly reminded of how I was different from my peers. I had a somewhat normal high school experience. I was active in many school-based organizations and played sports. However, I still was not able to do many things my peers could. For example, I was unable to get a driver's license. I had gotten over the fact that I could not receive one, and didn't make it a big deal since most of my friends were happy to drive me around.

I was open with my friends and teachers about my undocumented status. It was important to me to openly discuss my immigration status because it debunked my school's notion of an undocumented immigrant as an ignorant, lazy criminal. As a result, many of my teachers and friends knew of the challenges I faced. In high school, I excelled academically and had the third highest GPA in my class during my junior year. Because of my high grades, I was offered to take dual credit classes, college level courses that counted as high school and college credit. When I visited my counselor to register for these courses, she said I could not take them because I was undocumented. I felt defeated. Her lack of help made me feel that she did not care about undocumented students.

I saw these classes as a step toward my dream of going to college. Since I couldn't even take those courses in high school, though, going to an actual college seemed impossible. Unlike my peers, I would not receive the same help. I would have to learn how to do everything in preparation for college on my own.

Luckily, the mom of my girlfriend (at the time) helped me find University Leadership Initiative (ULI), an undocumented student activist group at the University of Texas at Austin, which guided me through the process of enrolling in college. I found out I could take the dual credit courses and that, in Texas, my immigration status didn't have to be a permanent barrier to continuing my education.

The fall of my senior year, I once again visited my counselor and handed her everything I needed to be enrolled in the dual credit program. All I needed was her signature. I learned not to count on other people to do things for me, and the only other thing I ever asked was that she send my transcript at the end of the year. She signed the paperwork.

Once in college at the University of Texas at Austin (UT), I got involved with ULI. For the first time, I was surrounded by people like me, people with the same struggles. It was a safe and welcoming community. Being open about being undocumented is part of our immigrant rights movement. This was something I was used to doing in high school, but the difference in college was that I was now surrounded by other empowered undocumented students. Sharing my story, having the opportunity to recruit and mobilize other undocumented students has been life changing for me and countless other undocumented youth whose organizing efforts have produced historic policy changes.

On June 15, 2012, President Obama announced a new policy to help undocumented youth, called Deferred Action. It provides temporary legalization and relief to many undocumented youth in the United States. Obama's decision would allow undocumented students to get a two-year work permit, but only after meeting certain requirements, including having been in this country since the age of sixteen, not having reached their thirtieth birthday, having graduated from high school, acquiring a GED, or serving in the military. The decision has created mixed feelings in the immigrant community. It would benefit only certain individuals, ones that would contribute to this country's capitalist system in some form or another. Personally, I may benefit from this decision, but the community as a whole will still be struggling, and my parents could still be deported.

Obama's short-term solution will affect 800,000 immigrant youth, and is still a step forward to accomplishing the immigrant community's goals of legalizing the status of over eleven-million undocumented immigrants, as well as stopping the separation of families and racial profiling. However, it is still unclear whether Deferred Action will extend beyond the Obama administration, and as a community, we are waging a long-term struggle. We need to take advantage of Obama's decision to make more radical demands to win real liberation for our community. We could halt the movement, settling for the two-year work permits, issued only to those of us who qualify, those of us who are supposedly "model" undocumented immigrants. However, that would not produce the real change our community needs.

We need to take advantage of the June 15 decision to demand educational opportunities regardless of immigration status, to stop the division of our families through deportation, and to put an end to racial profiling that criminalizes our youth. These demands have the potential of producing massive reform. We can also take advantage of this moment by overcoming our fear of being undocumented. We need to let every undocumented person know that they have a community they can count on, and this starts by participating in local organizations that are making political change possible. For example, Deferred Action could not have been possible without the thousands of organizers and organizations around the country proactively engaging their communities to fight for these demands. We need to get more people involved with local organizations that have been part of the changing tide this country is experiencing.

Learning about other struggles and building relationships across communities is also essential. There are many intersections in this movement, like queer and undocumented issues. These are not separate struggles and we need to be fighting together. Being documented will not decrease our chances of being racially profiled. Strengthening our movement is crucial at this point and we need all eleven million of us to change our material conditions.

People benefiting from Obama's new Deferred Action policy need to keep driving and pushing the movement. Deferred Action will not grant documentation to DREAMers, let's get that clear, but it does allow people to exercise their degrees and get jobs for two years. This policy is the wind we needed to start the fire of the movement back up again. One of the most powerful and important things from this action is that it diminishes the fear felt by undocumented youth. They will feel freer to become active and live without worrying about repercussions. As a result, undocumented immigrants will continue to organize and build our support base, without the fear of deportation.

Being undocumented is becoming more acceptable. Because it is, we are no longer afraid to share our stories and make front-page headlines. There is now even Undocumented Apparel featuring quotes from DREAMers all around the country. I recently proudly sported my "Undocumented and Unafraid" T-shirt while traveling across the country. While we should celebrate this cultural shift, which is more willing to accept model undocumented youth, we need to remain critical because this frame still excludes people like my parents, many of my friends, and the rest of the eleven million undocumented folks in the US.

We still have a long road ahead of us. For me, supporting Obama's reelection meant avoiding Romney, who said that he would veto the DREAM Act. However, we will need to hold Obama accountable during his administration, unlike previous years where we did not pressure him enough for his promised immigration reform—which may be why his administration is responsible for more deportations than the Bush administration. I know his administration will be different because we will push him for a more permanent and sustainable immigration reform that allows our communities to be together, become equal members of a society that respects our rights as full human beings.

Moreover, in order to gain full legal status, we will need to challenge the US ideal of what is socially acceptable, of what it means to be a contributing member of society. Yes, my experience is one of the many "model" immigrant success stories that are upheld in the DREAM movement. I will be one of the 800,000 who qualify for a two-year work permit. I pursued my education in gratitude to my parents, who were audacious enough to give me what they never had. But as I become politicized, I learn how the system is built to ensure that people like me are oppressed to benefit others. I now see my future is to break apart these structures of oppression and exploitation. I see my role as helping my community and other oppressed peoples to fight for more. I am dedicated to achieving broad social change because I understand I will not be free until we are all free. We must use immigration reform as a tool to push for something deeper, including a permanent solution to our broken immigration system.

Learning about different struggles has changed my view of the world. Learning about the history of struggles in the US brings tears to my eyes, tears of rage at how people were and are treated in this country. Seeing news clips of the Coalition of Immokalee Workers (CIW) reminds me of when my parents had to work ten-hour work days at two or three dollars per hour in order to feed us in Mexico.

These workers experienced slavery and some women were physically and sexually abused. The thought of my mother experiencing this makes my blood boil. This anger towards injustice is what drives me to become a better organizer in order to protect every mother, father, and child who faces exploitation. As an organizer, I will make sure we will rally across the country, continue to organize direct actions, call our politicians, share our stories, share our art, and keep defying the social expectations that society has of us. We will let people know we exist and we have rights like every other human being.

To change notions of who qualifies or deserves to be documented or not, we need to expose, educate, and empower those around us. We need to expose that this is not just an immigration issue: it is about racism and the division of families. We need to educate our community on becoming active participants in the movement, and most importantly, empower those who are directly impacted by these issues so they can be at the forefront of the movement. This is a battle over ideas. We seek the recognition of our rights to be free and fully human. Our movement is connected with others who struggle for fairness and suffer injustice, but we have to keep fighting and growing until we are able to achieve our full liberation.

This struggle isn't about becoming doctors, lawyers, or politicians. It is about having a collective voice to make real social change. Not everyone wants to or has the ability to pursue higher education, but everyone wants to be valued. For me, everyone who contributes to our society is equally valuable; my mother, who cleans houses for wealthy white people, is no less deserving of documentation than I am, and I will fight until she and everyone like her are treated as equal members of our society. This movement is not just about winning documentation to pursue my personal goals in life. It is about the collective liberation of my entire community. We need to take advantage of Deferred Action to broaden the definition of human rights and fight for a more transformative agenda through an immigration reform that adequately addresses the underlying racism that has driven our mistreatment in this country. This policy is not the answer to our demands, and we will not be fooled with small grants of liberty. An immigration reform is simply a step towards our end goal of liberation.

Being involved in the DREAM movement opened many doors. I got the opportunity to be an intern at Workers Defense Project (WDP), a local nonprofit that focuses on organizing Latin@ immigrant workers to win equal treatment in the workplace, regardless of their immigration status. Being an intern at immigrant rights organizations like WDP has helped me build my understanding of inequality and discrimination. These opportunities, like being involved with ULI, have allowed for my political growth, learning about broader and more complex social justice issues. I have learned how politics in this country are constructed to benefit certain groups of people at the expense of the rest of us. I have learned about other struggles, not just the undocumented struggles, but how all people of color are being oppressed in one form or another. Whether you are a domestic worker, construction worker, student, LGBT, or person of color, we all suffer injustices and we all struggle. And we are now at a moment of great opportunity to join communities, connect our struggles, and fight for the collective liberation of all oppressed people.

I am taking what I have learned, after living for a decade in this country as a second-class person, to connect my struggle to long-term struggles of other marginalized peoples. My most important gift and challenge has been organizing with my community to change our lived reality. Through this incredible personal struggle, which I have lived with eleven million other people, I have learned that I am dedicated long-term to making real social change by building the political power and the voice of my community. Most of all I have learned that my voice is only powerful when I stand with others, when my voice is one of many.

The Cooperative Difference

Ivette Meléndez

Like many immigrants, when I arrived in the United States I worked various jobs. I came to East Palo Alto, California, from El Salvador in 1995 with my eighteen-month-old son and worked in a lot of places, from a retirement home as an assistant nurse to people's personal homes as a nanny. But the job where I learned the hardest lessons, lessons that have served me for the eighteen years that I've lived in this country, came from working at a large cleaning company.

The company was a sub-contractor of one of the most prestigious universities in East Palo Alto and had a unique way of attracting people to work for them. They basically said: "Don't speak English? Can't drive? No experience? No problem!" At the time, it was exactly what I needed. They were going to pay me and feed me, they said. It sounded like the "American Dream."

Every morning, they would pick me up around 5:30–6:00 AM. After picking up all the other workers around town, we would start work around 8AM. The work was straightforward. We cleaned the dorm rooms for all the students who were out on break between semesters. Workers with less seniority like myself had to clean the bathrooms, the hardest room, and we were expected to clean everything ten minutes faster than the time allotted by our boss. If we didn't finish the job on time, we weren't invited back the next day. The work was tough and we used some of the most toxic cleaning products, like Ajax and Clorox. We worked without gloves, without masks, without training, without preparation. They thought cleaning was the easiest job in the world, so they didn't bother training people. They basically told us, "If you're hungry, clean, and we'll feed you." According to this logic, and out of necessity, I worked with the cleaning company for two weeks. Each week was the same; every day was the same.

Between work sites, the driver of the van would offer us fast food, usually McDonald's. The driver would pass around a bag filled with fast food and we would share what was there among ourselves. The food was always cold, but we ate it. I later found out that the food we were eating was from the day before. The owners of the company made some sort of deal with the fast food restaurants, where they would pick up cold, day-old food to serve to their workers. This was the work; this was the dream I was living.

After two weeks I was told that I would be receiving my first paycheck on Monday. But when my long-awaited check finally arrived, it came with a surprise. After countless hours of work at little over $5 an hour, I discovered how much the company would deduct from my paycheck. They deducted taxes of course, but they also deducted the cost of transportation, the cost to pay the driver, the cost of the cold fast food, and the products they gave us to clean. At the end of two weeks, I didn't even have enough to pay the person who was taking care of my son while I was at work, much less to pay my bills.

That was my introduction to the United States.

DISCOVERING WAGES

After three months of working for the same company, I began volunteering at an organization called Families in Transition in East Palo Alto, a challenging place with a high rate of poverty and a high concentration of immigrants. At that time, there were many immigrants who had recently arrived in the United States, and Families in Transition assisted them with just about everything related to adapting to the US.

I came to the organization at first looking for a good school for my son. I knew that the first thing I needed to do was make sure that my son received a good education while I continued to work. I became active as a volunteer in Families in Transition, and it was through my involvement with the organization that someone introduced me to Women's Action to Gain Economic Security (WAGES), an Oakland-based nonprofit dedicated to promoting the economic and social well-being of low-income women through worker-owned cooperatives, a business model in which the workers collectively own and control the company.

I soon began working with WAGES, joining the first group of women to start a cooperative through the organization. Along with five other immigrant women, I helped co-found Fantastic Fiesta, a worker-owned retail party supply store. Through WAGES, we received over eighteen months of extensive training, which included how to form a business in the US, what our rights and responsibilities were as workers and owners of the cooperative, how to run a business, and every aspect of managing a successful co-op.

We divided the work of Fantastic Fiesta into specific areas and we learned a lot. I became the director of finances and marketing, and we all shared the knowledge we gained with each other to create a stronger team. In our first year of operation, we were fairly successful. We received considerable support from the community and we worked well together. But we soon began to have problems with our suppliers from Mexico. For reasons beyond our control, the price of importing our supplies became too high and we lost some of our suppliers.

In response, WAGES stepped in to assist us in transitioning the business into a new model. Rather than focus on retail, we would instead help others organize parties and events. After the transition, however, we realized that there was not enough work to support all five of us, so we made an agreement. Two of us would stay with the business and three of us would leave. I was one of the three that left. It was at this time that I began working with WAGES, where I've been working for the past eighteen years.

Around the same time that WAGES helped launch Fantastic Fiesta, the organization conducted a detailed study of the cleaning industry and found many of the same abuses that I encountered during my first three months working in the US. They also found two key weaknesses in the industry. The most obvious was that the cleaning products being used were harmful to the workers, the client, and the environment. The other, less obvious finding was that the idea that everybody can clean is a myth. Most of us clean our house because we have to, but at the end of the day cleaning is an art.

In the process of creating a new business model, my personal experience working for the cleaning company helped inform WAGES' understanding of the abusive nature of the industry and how they would create an alternative.

As a result, WAGES formed "Non-Toxic," a green cleaning cooperative owned and operated by five members. The cooperative focused on residential cleaning using nontoxic cleaning products. At first, the concept of green cleaning seemed strange to the members, but they soon realized that the green products were better for them, their clients, and the environment. Although they started off slow, little by little *Non-Toxic* co-op began building a base of clients and increasing economic security for its members. Through this experience, WAGES learned an important lesson: it is easier to achieve economic security selling services than it is selling products. From here on out, WAGES would devote itself to creating service-based businesses, green cleaning services in particular.

WAGES developed a formal training process, as well as a process for determining the nature of the work. We aimed at delivering a professional service with the primary goal of maintaining the security and integrity of the co-op members as people. What does this mean? It meant that the co-op would not take on jobs that could potentially be dangerous for its members. It meant that we used the least harmful cleaning products on the market. It meant that the members were well trained and well paid. It meant that members worked in teams of two to protect one another. It meant that workers participated in the decision-making process of their co-op. It also meant that workers would have more control over their schedule and therefore more time to spend with their families.

Since *Non-Toxic* co-op, WAGES has launched five green house-cleaning cooperatives with low-income, Latina immigrants through-out the greater Bay Area, including Emma's Eco-Clean, Eco-Care Professional House Cleaning, Natural Home Cleaning Professionals, Home Green Home, and Natural Home Cleaning Contra Costa. All five of these cooperatives are part of the Eco-Friendly Cleaning Co-op Network, which upholds social, environmental, and business standards among the various participating co-ops. Through WAGES, I have helped build this network of cooperatives.

THE COOPERATIVE DIFFERENCE

I joined WAGES in 1998 as an intern, helping develop and implement curriculum on cooperative development, and I have now been with the organization for over ten years as a Co-op Development Trainer. I go out into the community to share my story with other immigrant women and talk about what it means to be a part of a cooperative. I also work with all the cooperatives in our network on all aspects of the cooperative model: democratic process, constructive communication, skills development, and personal development.

Many people from my community come to this country to find work now so that they can put food on the table today, so when we come to them saying that "we're going to empower them and give them space to grow," their reaction is "Are you crazy?" So, being a member of a cooperative is not for everyone.

But for me personally, I achieved my American Dream through

cooperatives. But my American Dream wasn't a house, a big bank account, and owning a business. At first, I didn't know what my American Dream was. But eighteen years later I can say that finding a place where I felt accepted and respected, where my opinions weren't always the best but they were heard, where I learned about my rights on the job, and where I was able to send my son to a good school—that was my American Dream. I had my basic needs covered and my heart filled with satisfaction. I received all of this through a cooperative. I also received my self-esteem, which has kept me going during difficult times, and a family of coworkers that stood by me during tough times.

Although I have witnessed many benefits working with cooperatives, I have also seen many challenges. One of the biggest challenges is making the transition from being an employee to a "worker-owner." Many immigrants have worked under abusive bosses and we carry that image of a boss with us. Many of us think that being the owner means telling everyone else what to do and going home with all the money. So, part of the challenge we face in creating more cooperatives with immigrant communities is erasing that image of the boss. In a worker cooperative, when you're the owner, you're the one who works just as hard as the other worker-owners, you're the one that stays extra hours when it's necessary, you're the one who never takes off your uniform because, even in your free time, you're thinking about the business. As the owner, you're the one who stays around for long meetings to make the best decisions; you're the one who takes a fair share when there's a profit and a fair share when there's a loss. In other words, being a worker-owner in a cooperative has a lot of advantages and a lot of benefits, and you can be successful, but these things don't happen over night.

In a worker cooperative, you have to work extra hard. In a regular business you can be successful simply by attending to the clients needs, marketing your products and services well, and making money. But in a cooperative, you have to have strong communication; informed, democratic, participatory, and fair decision making; and progressive participation and empowerment of the members.

One of the other challenges we face is that many members of our community have not had the opportunity to either get a formal education or own a business. As result, they need basic training in how to participate in an hour-and-a-half meeting, how to play a positive role in meetings, how to be on time and maintain a schedule. In other words, basic life skills.

Then there is the challenge of striking a balance between members of our community who do have formal education and those who don't. How do we create a safe space for both groups? How do we create a space of equality when the group does not feel equal? This is critical, given that each member of the cooperative has the right to participate in the decision-making process and you want everyone making informed decisions.

Beyond limited education and opportunities, cooperatives also face a problem of perception in the Latin@ immigrant community. In Latin America, you hear a lot of good things about cooperatives, but you also hear about the guy who ran away with all the co-op's money, about all the corruption. In other words, the word cooperative has been abused and misused in many of our home countries and we need to eliminate this association as well.

Despite all the challenges, cooperatives are an essential tool for addressing many of the abuses undocumented workers face in this country. My own personal experience working in a cooperative gave me a stable job, a dignified way of life, the ability to pay my own taxes, a moral character through the knowledge and education that I received, and the ability to participate in various progressive projects. To be a member of a cooperative means taking a giant step forward, it means giving yourself the opportunity to have a voice at work, it means giving yourself the opportunity to say, "I want to develop my skills and learn new ones, and I want to lend a hand to others." Being a member of a cooperative is both mental and emotional, and I would encourage other immigrants from the bottom of my heart to form their own co-operative.

Editor Bios

Cristina Tzintzún is the Executive Director of Workers Defense Project, a statewide membership-based immigrant workers' rights organization that is winning better working conditions for Texans. Over the last decade Tzintzún has worked to defend the rights of immigrants and win comprehensive immigration reform. Her work has led to a federal investigation by OSHA into Texas's deadly construction industry, the passage a statewide wage theft law, and better, safer jobs for thousands of low-wage immigrant workers in Texas. She has been named "Hero of the New South" by *Southern Living Magazine* and won the national Trabajadora Community Leader award from the Labor Council for Latin American Advancement. Her work has been covered in the *New York Times*, National Public Radio, MSN-BC, and *USA Today*. Tzintzún's previous writings on race and gender have appeared in *Colonize This!: Young Women of Color on Today's Feminism* and *Yes Means Yes!: Visions of Female Sexual Power and a World Without Rape*.

Carlos Pérez de Alejo is Co-Director at Cooperation Texas, an organization committed to the creation of sustainable jobs through the development, support and promotion of worker-owned cooperatives in Texas. The son of Cuban immigrants, Pérez de Alejo has been engaged in immigrant rights struggles as a community organizer with the Workers Defense Project, as the Communications Manager with the Detention Watch Network, and a volunteer of the Student/Farmworker Alliance. Pérez de Alejo holds an MA in Latin American Studies from the University of Texas at Austin, and his writings on immigration, labor and cooperatives have appeared in *Dollars & Sense, Yes! Magazine, Z Magazine* and *Left Turn*.

Arnulfo Manríquez was born in Chihuahua City and often moved across Mexico before coming to the U.S. in 2006. He holds a B.A in History and Anthropology from the University of Texas at Austin. There, he carried out research on Mexican educational projects and their alignment with government policy. He was also a fellow at the Population Research Center where he conducted research on internal migration patterns. He is now an organizer and *Workplace Monitoring Coordinator* at the Workers Defense Project. He is also an accomplished jazz musician.

¡PRESENTE!
EN ESPAÑOL

Read in English starting on page 1.

Índice

Prefacio

Juan González

Entre marzo y mayo de 2006, alrededor de tres a cinco millones de personas, en su mayoría latinas, abarrotaron las calles centrales de unas 160 ciudades de los Estados Unidos en una serie de protestas masivas jamás antes vista en esta nación.

Ni siquiera durante el apogeo del movimiento obrero norteamericano en los años treinta ni durante la ola de protestas por los derechos civiles y la oposición pública a la guerra de Vietnam en los años sesenta se había visto semejante cantidad de multitudes marchando pacíficamente por una causa común. Nunca antes un grupo en los márgenes de la sociedad estadounidense había tomado al sistema por sorpresa de esta manera.

Las protestas por los derechos de los inmigrantes de 2006 comenzaron como un intento por detener el tristemente célebre Proyecto de Ley Sensenbrenner, mediante el cual se buscaba criminalizar a los inmigrantes indocumentados y a cualquiera que les brindara ayuda o servicios públicos. Las protestas marcaron un raro ejemplo de un grupo marginado de la sociedad que se alzó repentinamente y forzó a la mayoría a pensar y a replantearse las ideas establecidas de derechos humanos y democráticos. Forzaron a los medios y al ciudadano común a enfrentar una de las problemáticas morales más polémicas de nuestra nación en el siglo XXI: qué hacer respecto de los millones de inmigrantes indocumentados que se han establecido en el país en las últimas décadas y que realizan los trabajos peor remunerados y con mínimas protecciones legales.

Lamentablemente, la información en torno al debate de la inmigración ha sido controlada en gran medida por las altas esferas de la sociedad, dada la tendencia de los medios a exhibir las opiniones y declaraciones de aquellos con poder y dinero. Este libro ofrece una perspectiva muy distinta. Les da voz a los mismos inmigrantes y a sus líderes comunitarios que silenciosamente construyeron un impresionante movimiento de justicia social sin ningún tipo de atención o reconocimiento de los medios.

Como periodista profesional con una trayectoria de más de treinta y cinco años, he tomado consciencia del importantísimo papel que representan los medios en la construcción de la memoria nacional de cualquier pueblo. Después de todo, los periódicos han sido llamados el primer borrador de la historia. Los incidentes que los medios deciden publicar y su propia interpretación de los hechos sirven inevitablemente como material de base para investigadores e historiadores, quienes décadas o siglos después llegan a recabar hechos históricos de manera aún más exhaustiva.

Este libro es un intento de documentar por primera vez los orígenes y la evolución de un movimiento clave en la historia de los

Estados Unidos, desde la perspectiva de aquellos que participan en ese movimiento.

Las Mega Marchas de 2006 fueron el primer acto de protesta social para muchos de sus participantes, un acto que cambiaría permanentemente su manera de ver el mundo. De la misma manera en que la Marcha en Washington de 1963 definió la perspectiva social de muchos afroamerican@s y las revueltas estudiantiles de 1968 moldearon la manera de pensar de toda una generación de norteamericanos blancos, las protestas de 2006 representan un despertar político para la minoría hispana de esta nación.

Es importante mencionar que estos acontecimientos no fueron simplemente encuentros de indocumentados. También participaron cientos de miles de latin@s que habían nacido en los Estados Unidos o que se naturalizaron, o que ya eran residentes legales desde hacía mucho tiempo. Al frente de cada protesta siempre marchaban l@s estudiantes hispan@s de preparatoria y de la universidad nacid@s en los Estados Unidos, y muchos de ell@s corrían el riesgo de ser separados de sus padres inmigrantes, quienes podrían terminar siendo deportados como consecuencia.

Todos compartían el mismo sentimiento intenso de indignación. Y todos estaban cansados del estereotipo que resonaba en los medios sobre hordas de latin@s ilegales y trabajadores indocumentados como la nueva amenaza que asediaba al país.

¿Cómo hicieron aquell@s activistas latin@s tan poco conocid@s para organizar semejantes protestas sin precedentes a nivel nacional si se encontraban esparcidos por todo el país, contaban con muy pocos recursos económicos y se enfrentaban a una fuerte oposición a sus tácticas por parte de sus aliados en el sistema político? Para poder comprender mejor su gran hazaña histórica, primero hay que deshacerse de la idea de que los líderes de las Mega Marchas de 2006 eran un grupo heterogéneo de activistas comunitarios sin experiencia alguna, o que los políticos liberales y los líderes sindicales orquestaron sus acciones. En realidad, las Mega Marchas representaron la culminación del activismo político de base por parte de tres generaciones de líderes latinos—los más viejos, veteranos de los levantamientos nacionalistas chicano y puertorriqueño de los sesenta y setenta; los segundos, los líderes de los antiguos movimientos centroamericanos Santuario y de amnistía de los ochenta; y los más jóvenes, aquellos que se habían organizado contra la Proposición 187 de California en los noventa.

Muchos de los jóvenes denominados DREAMers (soñadores) comenzaron su activismo a partir de las protestas de 2006, y ahora representan los futuros líderes políticos de la población latina en los Estados Unidos.

No obstante, el movimiento por los derechos de los inmigrantes siempre ha sido más que una lucha por la "legalización". Dada nuestra historia como nación de inmigrantes y también como poder imperial en el mundo, el movimiento más bien ha representado una lucha sobre el curso que tomarán la nación y nuestra democracia—sobre quién reside de manera legítima en el país, y a quién se le permitirá migrar al país de manera legítima en el futuro.

Pocos observadores han comprendido el amplio impacto de los movimientos actuales por los derechos de los inmigrantes. En mi opinión, este impacto marcó efectivamente el fin a treinta años de dominación conservadora en la política nacional. Seis meses después de que estallaran las protestas en la primavera de 2006, los demócratas tomaron el control de las dos Cámaras del Congreso. Una de las principales razones de ese histórico cambio de poderes fue el creciente voto latino. Millones de latinos ciudadanos estadounidenses, provocados por el creciente fervor antiinmigrante y antilatino, se presentaron repentinamente a votar, marcando así un índice récord de votos. El número de hispan@s que dieron su voto ese mes de noviembre aumentó a casi un millón desde las elecciones legislativas previas: de 4.7 millones en 2002, a 5.6 millones en 2006. Y dado que el Partido Republicano estaba estrechamente vinculado al Proyecto de Ley Sensenbrenner, el porcentaje de latin@s que votaron por candidatos republicanos para la Cámara de Representantes cayó de un 38 a un 30%.

Luego, en 2008, Barack Obama cautivó a la Casa Blanca al tomar prestado para su campaña electoral el quincuagenario eslogan de César Chávez y su Unión de Campesinos, y del movimiento por los derechos de los inmigrantes: "¡Sí, se puede!". Obama debe su histórica victoria en gran medida al arrollador apoyo que recibió de l@s votantes latin@s. Aproximadamente unos 9.7 millones de hispan@s votaron en las elecciones presidenciales de 2008—2.1 millones más que en 2004—y el 67% de esos votantes eligieron a Obama como presidente.

Las elecciones de 2012 mostraron un aumento aún mayor de 2.5 millones de electores latin@s, alcanzando un total de 12.2 millones, e incluso con un porcentaje aún mayor—el 71%—que favoreció a Obama por sobre el candidato republicano Mitt Romney.

Las elecciones de noviembre de 2012, sin lugar a dudas, dejaron claro que un importante cambio se estaba gestando en la política estadounidense; un cambio, tal vez, con profundas implicaciones al igual que la tristemente célebre "estrategia sureña" que los republicanos adoptaron a finales de la década de los sesenta—una estrategia que apelaba a los sentimientos racistas de la clase trabajadora blanca del sur del país, con el propósito de atraer a los electores históricamente demócratas hacia el Partido Republicano.

Todos estos acontecimientos nos han llevado a este momento en 2013, en el cual el Congreso y la nación entera finalmente han comenzado a reescribir las políticas federales en materia de inmigración.

En las siguientes páginas, relataremos la verdadera historia sobre cómo hemos llegado hasta aquí, de la voz de aquellos que ayudaron a construir este movimiento histórico. Cada uno de ellos tiene una historia fascinante; la clase de historia que jamás se escuchará de boca de ningún "defensor" de la reforma migratoria en Washington.

Estas son la clase de experiencias que nos recuerdan cómo la historia se va construyendo de la mano de gente ordinaria que hace cosas extraordinarias.

WE DIDN'T
CROSS THE BORDER
THE BORDER
CROSSED US

SOMOS DE LA TIERRA
Y LA TIERRA NO TIENE FRONTERAS

SECCIÓN I

Nuestros Problemas

Introducción

Para los entusiastas de la historia obrera, ningún período es tan importante en la historia de la organización de los trabajadores como la década de 1880, cuando cientos de miles de trabajadores se organizaron en los Estados Unidos para exigir y obtener una jornada laboral de ocho horas diarias. En su mayoría eran trabajadores inmigrantes que trajeron consigo ideas y experiencias organizativas de sus países de origen, y lideraron movimientos que finalmente obtuvieron la jornada de ocho horas. Sus acciones no ocurrieron sin repercusiones. En 1886, durante lo que más tarde se conoció como la Revuelta de Haymarket, ocho reconocidos activistas fueron arrestados luego de que una bomba explotara en una marcha obrera a favor de la jornada laboral de ocho horas. Varios policías y civiles fallecieron, y siete de los activistas fueron sentenciados a muerte, a pesar de la falta de evidencia que los vinculara con el crimen. Dado que la mayoría de los acusados no solo eran inmigrantes alemanes, sino también declarados anarquistas, la Revuelta de Haymarket desató una ola de histeria antiinmigrante y la represión policial de toda actividad obrera, periódicos anarquistas y organizadores.

Muchos de los trabajadores inmigrantes de la década de 1880 eran organizadores tan capaces que fueron expulsados de sus países de origen, y encontraron refugio y tierra fértil para organizarse en los Estados Unidos. La industrialización en los Estados Unidos generó la creciente necesidad de que los trabajadores realizaran las tareas más peligrosas y poco remuneradas en la enorme cantidad de fábricas, minas y ferrocarriles. Los inmigrantes de Irlanda, Italia, Polonia, Rusia y Alemania, por nombrar algunos, cubrieron estos puestos y sufrieron discriminación, abierta hostilidad y condiciones de trabajo abusivas. Bajo estas condiciones, y con la agitación de los organizadores obreros, el descontento creció entre los trabajadores. Las fuerzas de la industrialización no solo trajeron masas de trabajadores a los Estados Unidos, sino también organizadores capacitados que se reunieron y compartieron sus ideas trascendiendo nacionalidades, lenguas y culturas. Este mestizaje de ideas llevó a la creación de uno de los movimientos sociales más dinámicos de nuestra nación.

De la misma manera, en la actualidad muchos de los mejores organizadores inmigrantes fueron forzados a dejar su país debido a su activismo con obreros, estudiantes y campesinos. Aun así, otros son fruto de una economía globalizada que exporta productos y personas, lo que lleva a muchos migrantes sin experiencia política previa a cuestionar las fuerzas políticas y económicas que los obligan a abandonar su país, su familia y su hogar. De acuerdo con un estudio reciente realizado por la organización religiosa Pan para el Mundo (*Bread for the World*), si bien solo un cuarto de la población mexicana vive en zonas rurales, el 44% de los inmigrantes mexicanos—un porcentaje desproporcionado—provienen de dichas áreas.[1] Estos migrantes rurales dejan atrás sus comunidades, las cuales tienen lazos muy estrechos y donde sus familias han vivido durante décadas; y que, en muchos casos, se remontan a generaciones de la era precolombina. Miles de migrantes se han visto obligados a adquirir una profunda comprensión de la desigualdad luego de haber arriesgado sus vidas para llegar a un país extranjero y trabajar en ocupaciones peligrosas y mal remuneradas, enfrentando una discriminación constante.

Algunos de los grupos musicales más populares de México, como los Tigres del Norte y El Tri, han escrito canciones que documentan el papel transformador que tiene la migración en el desarrollo de la conciencia colectiva. Algunas de las canciones más famosas de los Tigres del Norte incluyen "Somos Más Americanos", "Mis Dos Patrias", "Tres Veces Mojado". De El Tri tenemos canciones como "Sueño Americano" y "La Raza Indocumentada", que desafían tanto al gobierno mexicano como al estadounidense por explotar a los trabajadores y a los pobres. Estas canciones han sido escuchadas por millones de personas en los Estados Unidos y en Latinoamérica, y han ayudado a conectar las experiencias del migrante con un público más amplio.

Los mejores organizadores consideran que la injusticia también es una oportunidad para unir a las comunidades a fin de lograr un cambio en las condiciones a las que se enfrentan. Ven que cuando se les brinda las herramientas y el apoyo necesarios a aquellos directamente afectados por la desigualdad, estos están listos para levantarse y luchar. Tal como afirmó Dennis Soriano, del Centro de Trabajadores por la Justicia Racial de Nueva Orleans (*New Orleans Workers' Center for Racial*

---

1   "Mexico United States Migration: Regional and State Overview", Mexico City. Consejo Nacional de Población, 2006.

Justice): "Ya no soy la misma persona que llegó a este país sólo para trabajar y ayudar a su familia. Ahora sé que si quiero estar en este país y ser tratado como igual, tengo que luchar. Nadie va a luchar por mí. Tengo que hacerlo yo mismo".

En esta sección hablaremos sobre Pablo Alvarado, un inmigrante centroamericano que sobrevivió a la brutal guerra civil de El Salvador y escapó a Los Ángeles, donde comenzó a utilizar sus aptitudes como educador y organizador para ayudar a los jornaleros a cambiar su situación laboral y sus vidas en general, primero en California y luego a lo largo del país. Más tarde ayudó a fundar la Red Nacional de Jornaleros y Jornaleras (NDLON, por sus siglas en inglés), la cual se ha convertido en una de las organizaciones más dinámicas en la lucha por los derechos de los inmigrantes indocumentados. La NDLON ha estado al frente de la lucha en Arizona, donde se han promulgado algunas de las leyes antiinmigratorias más severas.

Muchas veces, la decisión de migrar no es una elección voluntaria de un individuo, sino que es impuesta mediante decisiones políticas que excluyen las voces de aquellos más afectados. El presidente mexicano Carlos Salinas de Gortari, luego de aprobado el Tratado de Libre Comercio de América del Norte (TLCAN) en 1994, dijo que su deseo era "exportar productos, no personas". Sin embargo, la historia de María Duque y su familia demuestra lo contrario. El TL-CAN, lejos de reducir la inmigración, llevó a la migración masiva de cientos de miles de campesinos a los Estados Unidos. Para María, y al igual que para muchos otros, el tratado también ha generado una nueva y siempre cambiante comprensión de la raza y la desigualdad en los Estados Unidos.

Los migrantes indígenas también han sido particularmente afectados por la migración, entre los cuales se registra uno de los índices migratorios más altos de México. Las comunidades indígenas mexicanas, a menudo con experiencias de gobiernos autónomos, se han convertido en los pensadores y líderes más creativos en el debate sobre la migración. Según Gaspar Rivera Salgado, del Frente Indígena de Organizaciones Binacionales (FIOB): "Necesitamos desarrollo para hacer de la migración una elección más que una necesidad [...] El derecho a emigrar y a no emigrar, ambos derechos son parte de la misma solución [...] Tenemos que cambiar el debate y pasar de una visión que presenta a la migración como un problema, a un debate sobre los derechos de los migrantes. El verdadero problema es la explotación". Inspirado por la campaña del Derecho a Permanecer en Casa (*Right to Stay Home*), el FIOB también ha buscado desarrollar alternativas que promuevan la autodeterminación, como ayudar a establecer cooperativas gestionadas por los trabajadores e invertir en productos para el comercio justo que les permitan a las comunidades indígenas permanecer en sus tierras. El plan estructural de la campaña por el Derecho a Permanecer en Casa ha sido crucial para modificar el debate entre organizaciones obreras, indígenas y de derechos humanos en México, y posee la capacidad de jugar un papel clave en el movimiento por los derechos de los inmigrantes en los Estados Unidos, al obligar a las organizaciones y a los activistas a mirar más allá de las soluciones a corto plazo, y a pensar en un cambio estructural a largo plazo que desafíe las fuerzas políticas y económicas centradas alrededor de la migración y la explotación.

Elvira Arellano se hizo conocida cuando ordenaron su deportación y, desafiante, se refugió en su iglesia metodista con su hijo de

ocho años nacido en los Estados Unidos. Su historia documenta el
esfuerzo del movimiento por los derechos de los inmigrantes por obtener la legalización a lo largo de la última década. Elvira participó en
la mayoría de las actividades organizativas desde finales de la década
de los noventa a fin de asegurar que los inmigrantes indocumentados
pudieran obtener autorización para trabajar y vivir en los Estados Unidos, sin miedo a ser deportados y separados de sus familias. Su historia
también destaca las raíces del movimiento y el impacto personal del
fracaso del Congreso en aprobar una reforma migratoria o proteger los
derechos de los trabajadores inmigrantes. En la actualidad, Elvira continúa organizando actividades en defensa de los derechos de los inmigrantes, entre los cuales se incluyen los inmigrantes centroamericanos
en su peligroso viaje a través de México hacia los Estados Unidos.

Los inmigrantes no solo traen comida, vestimenta o costumbres culturales—muchos traen consigo una rica historia de activismo y organización, y todos cargan consigo su propia historia de explotación y
autosuficiencia, de comunidad y de resistencia. A pesar de estar divididos por las fronteras, muchos inmigrantes llegan a los Estados Unidos y
continúan compartiendo una cultura, y construyen una nueva comunidad de resistencia enriquecida por sus propias tradiciones. De la injusticia y la discriminación, los inmigrantes indocumentados crean una nueva cultura de liberación. Es aquí donde comienza nuestro relato, con
la historia de tres individuos que representan a millones de migrantes.

Por Qué Lucho
El TLCAN y los Derechos de los Trabajadores Inmigrantes en los Estados Unidos

María Duque
PROYECTO DEFENSA LABORAL

Mi nombre es María Duque y soy de San Luis Potosí, México. Allí se vivía de la tierra, y se sembraban frijoles, calabazas y maíz. Así vivían mis abuelos y mi padre, y vivían muy bien. Sembrábamos de todo allí. Mi familia salía al campo a las tres de la mañana para ir a sembrar antes de que saliera el sol, y regresaban a las cinco o seis de la tarde. En el campo cuidábamos de la cosecha y le quitábamos la maleza. La mayoría de la gente en mi pueblo se dedicaba a la agricultura y a la ganadería, dado que era un pueblo pequeño y no había otro medio de subsistencia. Mi pueblo es como muchos otros pueblos, con su iglesia, su plaza central y sus escuelas. No había grandes tiendas, ni siquiera una tienda de ropa; solo un mercado típico.

En mi familia hay siete mujeres. Somos una familia grande. Sembrábamos juntos como familia y vecinos, y nos ayudábamos los unos a

los otros. En mi pueblo éramos ejidatarios.[1] Mi padre comenzó a trabajar en el campo desde muy joven, porque eso es lo que hacían los
muchachos en mi pueblo, antes de que mi generación comenzara a
partir para buscar trabajo en las grandes ciudades.

Mi casa en el pueblo era pequeña y estaba hecha de ladrillos, con
algunos cuartos hechos de adobe. Tenía cuatro habitaciones y una gran
parcela de tierra que usábamos para sembrar. Pero nuestros sembradíos
estaban muy lejos de nuestra casa y debíamos caminar dos horas para
llegar hasta allí, aunque algunas veces íbamos en bicicleta.

Todavía recuerdo cuando sembraba con mi familia. Recuerdo los
enormes costales de maíz y la temporada de calabaza, cuando recogía-
mos la cosecha en febrero y marzo. Les sacábamos las semillas, ya que era
lo único que podía venderse de la calabaza, aunque también crecía otro
tipo de calabaza durante marzo y abril. También había una temporada
para los frijoles—cada cosecha tenía su temporada. Un año se sembraba
una cosa y al año siguiente sembrábamos otra, porque había que darle
un descanso a la tierra. Mi padre y todos en el pueblo sabían bastante sobre agricultura, y todo se hacía utilizando recursos naturales y orgánicos.
Creo que fue mi abuelo quien le enseñó a mi padre a sembrar.

Luego de la cosecha, mi padre vendía su siembra. Los compradores
venían en grandes camiones a casa para comprar nuestros productos,
y nos pagaban muy bien por ellos. Recuerdo que con solo una cosecha
teníamos suficiente para vivir durante todo el año. No vivíamos como
ricos ni con muchos lujos, pero vivíamos bien, con dignidad.

---

1   Los ejidos son formas tradicionales indígenas de propiedad y gestión comunal de la tierra.
    En 1917, el Artículo 27 de la Constitución Mexicana devolvió las tierras a las comuni-
    dades que utilizaban el sistema ejidal de gestión de tierras. El Tratado de Libre Comercio de
    América del Norte forzó la revisión del Artículo 27 y permitió la venta de las tierras ejidales
    protegidas, socavando así a las comunidades agrícolas tradicionales de México.

Cuando digo que mi padre cosechaba maíz, no estoy hablando de uno o dos costales, sino de toneladas de maíz. Teníamos un cuarto bastante grande lleno de maíz, y los compradores escogían el maíz de acuerdo a cómo se veían los granos en las mazorcas; separaban las mazorcas y así escogían lo que querían.

Mi padre siempre nos dijo que teníamos que estudiar para salir adelante. Como sus hijas, él siempre nos apoyó en los estudios. No le importaba que fuéramos mujeres, y por ese entonces había más posibilidades de trabajo. Fue un hombre muy duro, muy estricto, y nos inculcó la importancia de la educación. Nos decía que si tienes una educación, nadie puede quitártela. Si teníamos educación, ningún hombre nos iba a poder maltratar, y podríamos salir adelante sin depender de nadie.

Mi madre, en cambio, no sabía ni leer ni escribir. Aprendió de adulta, por medio de un programa del gobierno en el que los nuevos maestros iban a las casas de los pobladores a dar clases. Le enseñaban a la población indígena y analfabeta a leer y escribir. Así es como, a los cuarenta años, mi madre aprendió a leer y escribir. Creo que comprendió que no existe ninguna edad estipulada para aprender. Era una persona muy fuerte y fue nuestro ejemplo, y recuerdo que estaba muy contenta cuando aprendió a escribir su nombre.

Para mí la educación es muy importante. Mi sueño era ser enfermera militar, pero debido a mi miedo a la sangre decidí en cambio ser reportera. Siempre me imaginaba dando las noticias en la televisión. Terminé la preparatoria y cursé un año en una escuela técnica para ser secretaria con conocimientos de informática. Tuve que salir del pueblo, ya que no había posibilidades de estudiar allí, ni tampoco mucho futuro. Todo había cambiado enormemente. Luego el peso [mexicano] se devaluó y el Tratado de Libre Comercio de América del Norte entró en vigor. El gobierno hizo mucha propaganda del TLCAN. Recuerdo la famosa imagen de un apretón de manos—"de mano en mano"—en todas las carteleras de México representando al TLCAN. Pero no había trabajo, así que tuve que dejar mi pueblo para poder estudiar y trabajar.

Siempre he dicho que el famoso tratado de libre comercio acordado por Salinas de Gortari con el resto de los países de América del Norte nos hizo más pobres y nos dejó en el olvido. Desde entonces, todo se ha devaluado en México debido al ingreso de productos más baratos al país. En mi pueblo, se volvió más caro cultivar nuestro propio maíz que comprar maíz de los Estados Unidos. La gente ya no podía vivir de sus cosechas, y tenían que venderlas tan baratas que no tenía sentido. Tenía apenas quince años cuando se firmó el TLCAN, y era lo suficientemente mayor para saber lo que estaba sucediendo. Fue entonces que me fui de mi pueblo. Al término de su mandato, Salinas había dejado al país en la miseria absoluta.

Mi padre estaba furioso. Leía mucho y era consciente de lo que ocurría, y decía que lo que hacía el gobierno de México estaba mal porque los productos que ingresaban al país no eran de alta calidad como el maíz que producíamos nosotros. Ahora que soy adulta me doy cuenta de que tenía razón. Las clases de maíz en México son muy diversas, lo cual conlleva una mayor calidad. No obstante, el maíz de baja calidad ingresó al país y arruinó las variedades locales. Debido a nuestra ignorancia, el gobierno y las grandes corporaciones nos lavaron el cerebro diciendo que el maíz estadounidense era mejor porque era más barato. Muchos creyeron esa mentira y lo echaron todo a perder. Mi padre se sentía tan mal y estaba tan enojado que no sabía qué hacer. Durante varios años dejó de cultivar, y tuvo que vender algunas de sus tierras. Ya no tenía sentido trabajar y perder dinero. Y aquellos que formaban parte del ejido tenían que seguir trabajando la tierra o de otro modo la perderían.

Lo que Salinas hacía en realidad era enviar migrantes a los Estados Unidos, no productos. Recuerdo que, luego de haberse firmado el TLCAN, mucha gente comenzó a migrar. Más y más gente se iba a los Estados Unidos porque ya no sabía dónde encontrar trabajo. La mayoría de la gente de los pueblos pequeños no tenía ningún medio de subsistencia, algo que aún hoy les continúa ocurriendo a muchas familias en México. Por ejemplo, ahora importan pollos de los Estados Unidos a México; pollos que fueron criados en tres o cuatro semanas. Los campesinos mexicanos no pueden competir contra la importación de ese pollo barato norteamericano.

Hace algunos años, finalmente permitieron el ingreso de aguacates mexicanos a los Estados Unidos, luego de hacerles miles de pruebas para asegurarse de que estaban en buen estado. Esto ocurrió tras años de promesas de que permitirían importar aguacates mexicanos, después de años de haber firmado el tratado de libre comercio.[2] México no podía exportar sus productos a este país, pero los Estados Unidos sí podían exportar a México. Me da tristeza saber que la gente todavía se siga dejando engañar. Tienen que abrir los ojos.

Hay una canción muy mala de Paquita la del Barrio que dice "rata inmunda, animal rastrero" y todo insulto que te puedas imaginar. Esa

---

2   Los cincuenta estados de los Estados Unidos no permitieron el ingreso de aguacates al país sino hasta 2007, trece años después de la firma del tratado. Sarah Miller Llana, "Super Bowl Success Story: Mexico's Avocados," Christian Science Monitor, January 31, 2009: disponible en http://www.csmonitor.com/World/Americas/2009/0131/Super-Bowl-success-story-Mexico-s-avocados

canción está dedicada a Salinas de Gortari. Si hoy pudiera hablar con Salinas le diría todo lo que dice esa canción, pues se lo merece. Gracias a él, yo estoy en este país; y gracias a él muchos han muerto en el desierto y se han ahogado en el río. Creo que a los partidos políticos de México no les importa el pueblo —solo buscan sus propios beneficios y no les importa realmente la gente, en especial la gente del campo.

Los partidos políticos engañan con mucha facilidad a la gente de los pueblos pequeños. A veces venían al pueblo con cobijas de regalo para que votáramos por ellos. Te compraban con una cobija para robarte durante años. Es tan triste. Dicen que tal o cual partido político va a venir y te va a dar una pequeña bolsa de almacén llena de productos, pero durante todo el año te dejan sin frijoles y arroz porque no hay trabajo. Mientras tanto, se llevan todo, y se lo embolsan.

Los únicos que se benefician de los tratados de libre comercio son los ricos. Considero al TLCAN como una forma de robarle al pueblo. Creo que dijeron "robémosle de otra manera" porque los políticos siempre nos han robado. Siempre quieren ver reprimidos a los pobres, y nunca quieren dejarlos salir adelante, porque no les conviene.

No sé cómo redactaron esos tratados de libre comercio, pero creo que deberían abolirlos. Sería el primer paso hacia la igualdad. También creo que de haber alguna clase de tratado de libre comercio, ni el presidente ni el secretario de Economía deberían redactarlo. Los campesinos deberían hacerlo. Me gustaría ver que el liderazgo surgiera de allí. Quiero ver a los campesinos organizarse entre ellos, porque son ellos quienes deberían preparar un tratado de libre comercio para sus productos, y no el presidente, que no sabe nada de agricultura. ¿Quiénes son los políticos para redactar un tratado de libre comercio cuando ellos nunca han trabajado? Eso es lo que pienso; esa es mi opinión.

Cuando era niña, no había mucha gente de mi pueblo que emigrara a los Estados Unidos. No lo hacían porque podían valerse por sí mismos y podían vivir de la agricultura. No había necesidad de dejar el pueblo y abandonar la familia y el hogar. Cuando se firmó el TLCAN, la gente comenzó a emigrar. Yo me fui a Tampico, y la mayoría de los jóvenes emigraron a los Estados Unidos. Muchos están en Texas, otros en las Carolinas.

Nunca pensé en venir a los Estados Unidos. No era mi sueño, y no quería hacerlo. Ni siquiera se me había cruzado por la cabeza. Pero Salinas había devastado al país; no había qué comer ni tampoco había trabajo. Recuerdo que una vez mi esposo no trabajó durante dos meses. Solía ir con los barcos pesqueros y sólo le pagaban con pescado, y eso era todo lo que comíamos. Con lo poco que yo ganaba comprábamos tortillas. Yo trataba de ayudar, vendiendo algo del pescado que teníamos o lavando autos. Era una forma muy triste y degradante de vivir. Cualquier trabajo es honrado, pero esa no era la vida que quería para mi hijo recién nacido. Así vivimos tres años, y la situación económica en México no mejoraba en absoluto. Era tan difícil sobrevivir, y en ese momento mi hijo estaba por comenzar la escuela. A veces no teníamos ni para tortillas ni leche, mucho menos para comprar útiles escolares. Así fue que mi esposo decidió venir a los Estados Unidos.

Luego de un año de estar en los Estados Unidos, mi esposo me preguntó si quería venir junto con mi hijo. Durante ese año que estuve sola en México, solía ir al rancho de mi padre, pero era muy difícil estar allí sin trabajo ni dinero. Entonces mi esposo me pidió que lo acompañara en la búsqueda de una vida mejor en los Estados Unidos. Llegué a este país a los veintitrés años con mi hijo de cinco.

Arriesgué mucho al venir aquí con mi hijo. El camino no fue fácil. No sabes lo que ocurre, tienes mucho miedo y sólo reaccionas en consecuencia. La gente te habla en otro idioma, te miran raro, y tu reacción es preguntarte a ti misma: "¿Qué estoy haciendo aquí?". Te sientes perdida, y mires donde mires todos te hablan, todo es tan distinto, y la gente te mira de manera diferente. Es un sentimiento muy feo, y todavía no me siento a gusto aquí. No creo que pueda acostumbrarme. Extraño a la gente de México. Muchas veces siento que la gente aquí es muy fría; cada quien anda en su propio mundo, corren por aquí y por allá, no se detienen ni un momento para saludar. En mi pueblo era diferente. Si fueras a mi pueblo y preguntaras por los Ortega, todos sabrían decirte dónde viven, dado que todos se conocen.

No tengo idea de cómo es mi pueblo ahora. Quisiera creer que sigue siendo igual que antes, pero lo dudo porque hace doce años que llegué aquí. Muchos de los que vienen a este país no vuelven a México por miedo a no poder regresar a los Estados Unidos. Mis tíos ya no son campesinos, y mis primos más jóvenes han tenido que abandonar el pueblo para trabajar a kilómetros de distancia. Ahora los únicos que todavía trabajan la tierra son los pobladores más viejos, y solo para sí mismos, porque ya no pueden vender sus productos. Parecería que se estuviera perdiendo este estilo de vida, pero lamentablemente ya se perdió hace tiempo. Ahora tan sólo queda en la memoria. Recuerdo los campos con hileras de ese hermoso maíz a lo largo de hectáreas, tan lejos como alcanzaba la vista. Y en la temporada de cosecha podías ver los girasoles alzarse tan alto en el campo.

Creo que si regresara a mi pueblo hoy, ya no vería absolutamente nada de todo esto.

Mi padre murió hace poco. Me duele muchísimo porque cuando murió no pude ir a México, debido a que si lo hacía no hubiera podido regresar a los Estados Unidos con mis hijos. Tampoco pude ver a mi abuela antes de que muriera. Ambos fallecieron y no pude estar allí con ellos. No he regresado por miedo, porque siento que si lo hago no podré volver a salir del país otra vez. Creo que ya no hay futuro en México.

No obstante, estar en este país no significa que se haya terminado la explotación. Es igual que en México, donde se explota al pueblo en general, y no solo a los campesinos. En muchos lugares hay explotación. Los campesinos trabajan horas y horas en los campos, y se les paga cincuenta centavos por cada kilo de maíz, que luego los compradores venden a cinco pesos el kilo. Existe la explotación, pero aquí es mucho más triste porque la gente no tiene ni dónde vivir, ni qué comer, ni dónde pedir ayuda. En México, aunque seas pobre, la gente aún se ayuda entre sí, pero no aquí. Si no tienes cómo pagar el alquiler, te vas a vivir debajo de un puente. La gente aquí es fría. Si hay alguien con necesidad, no les importa. Se van a sus casas a dormir sin importarles los demás.

En los Estados Unidos, he sido víctima de explotación en el trabajo. Cuando trabajé en una tintorería no me quisieron pagar. Es muy triste, pero lo más triste de todo es que la gente se queda callada por miedo. Entonces doy gracias a Dios por la educación que mis padres me dieron. Ellos tenían un carácter fuerte, y eso es lo que me enseñó a no quedarme callada cuando fui víctima de explotación. A pesar de estar asustada y de que mi empleador amenazó con llamar a los oficiales de inmigración, no me quedé callada. Me dije a mí misma: "Soy de

México, y si me mandan de regreso, allí iré. Mientras que no me manden para China, no voy a dejar que me traten de esta manera". Y hay muchos otros como yo, y me entristece y me da rabia saber que todos los días hay más casos como el mío.

A veces pienso que es el enojo lo que hace que la gente salga de las sombras y luche por sí misma. Debes estar enojado para que no pisoteen tu dignidad, porque eso es lo único que nos queda—nuestra dignidad. Así es como me involucré en el Proyecto Defensa Laboral (PDL) siete años atrás. Estaba enojadísima y quería que me pagaran mis salarios. Terminé trabajando en la junta directiva del PDL. Creo que el PDL es como un experimento de gobierno autónomo y que realiza una labor muy importante.

Nosotros, los trabajadores, vivimos nuestra realidad día a día. Todos queremos ver un cambio y no queremos ser tratados como criminales. No queremos que nos roben nuestros salarios, de modo que vamos a unirnos para luchar e intentar cambiar las leyes. También intentaremos obtener justicia para nuestros compañeros, los trabajadores de la construcción, para que puedan tener agua y descansos. Empezaremos con eso. Son los trabajadores mismos quienes gestionan el Proyecto Defensa Laboral. Por lo general, las organizaciones son administradas por abogados, pero ellos no viven nuestra realidad cotidiana. Desde afuera, la gente cree que les servirá capacitar a los trabajadores, pero en realidad no saben lo que necesitamos. Los trabajadores conocen sus propias necesidades y las de sus compañeros.

Creo que la injusticia nunca desparecerá por completo, pero si no luchamos jamás avanzaremos. Tenemos hijos y nietos, y si comenzamos a luchar desde ahora, nuestros hijos verán la manera en que podemos cambiar las cosas. Mis hijos continuarán esta lucha para que mis nietos no tengan que sufrir lo que yo he sufrido.

La comunidad tiene que unirse. Creo que el ejemplo más importante fue cuando los negros de este país tomaron conciencia y se unieron a Martin Luther King, Jr. Ese es un ejemplo que debemos tener en cuenta. Aun así, muchos de nosotros tenemos miedo. Por lo tanto, aquellos de nosotros que no tenemos miedo tenemos que invitar a otras personas a unirse a la lucha y a construir una perspectiva más abarcadora.

No se trata solamente de algunos documentos legales. Y no voy a decir que no son importantes, pero para mí personalmente no son tan importantes. Creo que lo más importante es comprender que, aun teniendo papeles, seguirá habiendo explotación. Los documentos legales no van a hacer que la gente deje de maltratarte o te pague por tu trabajo. Pero si conoces tus derechos, si te organizas y te aseguras de que se cumplan las leyes existentes, entonces la explotación que sufrimos cambiará. Como inmigrantes, debemos unirnos para modificar las leyes de este país. Será un gran desafío, pero debemos unirnos y organizarnos, y estar preparados para todas las consecuencias que se presenten.

Otro desafío clave que enfrentamos es la aceptación de los norteamericanos; ellos deben aceptar que estamos aquí y que no vamos a irnos. No nos aceptan debido al racismo, porque para ellos somos invasores y criminales. Pero yo no vine a este país a robarle a nadie. Vine a trabajar, pero todavía continúan tratándome como a un criminal. Por ejemplo, tenemos una pariente que es blanca y de ojos azules, y aquí la han tratado bien. Le hablan en inglés, y ella se ríe porque no entiende nada. No obstante, a nosotros nos tratan de manera diferente. La misma gente nos ve como cucarachas, y me digo a mí misma: "¡Qué increíble! El color sí importa bastante aquí". Veo cómo a mí y a mis hijos nos tratan diferente. He sufrido el racismo, pero no soy una persona que se deje intimidar por ello. Siempre digo que debemos armarnos de mucha dignidad y seguir luchando.

Hay algo que la gente de este país debería pensar si nosotros, los inmigrantes, no estuviéramos aquí: ¿Quién va a hacer el trabajo que la gente rica no quiere hacer?, ¿quién va a venir a limpiar las calles? Ellos dicen: "No queremos a los inmigrantes porque son unos criminales", pero entonces ¿por qué no nos deportan a nuestro país? Es muy simple, puesto que saben dónde encontrarnos. No estamos escondidos en las sombras. Pero ¿quién les va a barrer, limpiar y planchar? Sin embargo, cuando quieren, te pagan; pero cuando no se les antoja, no lo hacen. Lo que la clase adinerada quiere es más dinero para sus bolsillos sin importarles la manera en que afectan a los trabajadores o a la comunidad.

Pienso que los papeles migratorios no van generar el cambio que necesitamos. Lo que realmente necesitamos es estar organizados y unidos, incluso si se obtiene la legalización. No luchamos por unas leyes o unos papeles. Luchamos para modificar la manera en que vivimos, para cambiar nuestra situación, la manera en que tratamos a los demás, en todos los aspectos. Y la legalización no pondrá fin a las injusticias que padecemos. Podemos verlo en la historia misma de l@s afroamerican@s en este país: cuentan con una situación legal resuelta, pero aún sufren el racismo todos los días. Entonces, ¿de qué sirve tener papeles? Siempre tendremos que estar organizados, aun después de legalizar nuestra situación, a fin de obtener una igualdad plena.

Nadie Es Ilegal
El Nuevo Movimiento Santuario

Elvira Arellano

Decidí venir a los Estados Unidos en 1997. Lo hice porque en 1994 sufrimos una crisis económica en México, y el peso se devaluó como consecuencia de la entrada en vigor del Tratado de Libre Comercio de América del Norte. Así que decidí migrar a los Estados Unidos en busca de más oportunidades, ya que en México no podría haber logrado nada de lo que he podido lograr aquí. Fue una decisión difícil, dado que no tenía a nadie ni tenía dinero. Una prima me llamó y me preguntó si quería cruzar la frontera hasta aquí, y así lo hice. Crucé por Mexicali y Caléxico, y llegué a un pueblo pequeño en Salinas, California; una comunidad latina donde hablar inglés no era necesario. Primero trabajé cuidando niños, y luego en una lavandería. Después pasé un tiempo en Washington, donde en 1998 nació mi hijo. Cuando cumplió un año, decidí mudarme a Chicago.

Era un momento crítico. El presidente de México, Vicente Fox, había visitado recientemente a George W. Bush para discutir una posible reforma migratoria. Pero luego de los ataques del 11 de septiembre, todo cambió y la comunidad latina ya no pudo hacer nada. El Congreso se enfocó en la seguridad nacional y el terrorismo, y decidieron cerrar la frontera. Después del 11 de septiembre, las autoridades migratorias comenzaron a hacer redadas e investigaciones en el aeropuerto donde trabajaba limpiando aviones. El 10 de diciembre de 2002, fui arrestada en un taller federal junto a más de 1200 trabajadores, y luego fuimos llevados a un centro de detención. Mientras estaba allí, intentaba pensar cosas positivas. Me decía a mí misma: "Tengo mis ahorros. Regreso a México a vivir con mis padres". Pero no podía hacerlo.

Luego, el juez me dejó en libertad bajo "fianza de palabra". Entre todos los detenidos, fui una de las únicas dos mujeres que dejaron salir. Por alguna razón, yo era la única elegible para un perdón presidencial, pero pensé: "No, no lo quiero. Tenemos que luchar por todos". A los medios les interesó bastante nuestra historia. Después de que me entrevistaron, varias organizaciones e iglesias comenzaron a invitarme para compartir mi testimonio, y comencé a participar en la lucha. En 2003, participé en la Marcha por la Libertad (*Freedom Ride*) a Washington D.C. y, en 2004, fundamos Familias Unidas. Comenzamos a organizarnos para luchar por una reforma migratoria junto con José López, de la comunidad puertorriqueña; otro hombre cuya esposa había sido deportada aun estando embarazada, y también con el congresista Luis Gutiérrez.

En su libro, *La Audacia de la Esperanza*, el presidente Obama habla de treinta y cinco familias que conoció en Chicago, pero no menciona que esas familias eran las Familias Unidas, porque nunca fuimos lo suficientemente aceptables para él. Conocí a Obama cuando era senador. Lo apoyé y participé en su campaña porque en 2004 se mostraba a favor de la otorgación de licencias de conducir a los indocumentados.

Cintia Soto nos ayudó a conseguir una reunión con Obama, y fue allí que él prometió revisar el caso de las treinta y cinco familias afectadas por las redadas. Tenía fe en él, y creía que aprobaría un proyecto de ley de reforma migratoria. Pero cuando brindó su apoyo a la construcción del muro en la frontera, comenzamos a ver que no podíamos esperar nada de ningún partido político, y que solo nos usaban para sus propios propósitos. Es triste ver que ahora Obama busca la reelección y que la reforma migratoria ha quedado en el olvido.

Lo que ocurre en los Estados Unidos es lamentable. Lo que más está afectando a la comunidad latina son personas como Lou Dobbs, que pueden influenciar a millones de anglosajones y fomentar el odio hacia nuestra comunidad. Fue él quien empezó a llamar a nuestros hijos 'bebés ancla'.[1] Lou Dobbs ha causado mucho daño a las familias con estatus mixto, con algunos familiares nacidos en los Estados Unidos. Muchos de nosotros emigramos cuando somos jóvenes, pensando que este es un país de oportunidades, y aquí vivimos nuestras vidas y formamos nuestras familias. No hemos tenido oportunidades en nuestros países de origen, y simplemente tuvimos que emigrar a los Estados Unidos para vivir mejor.

El odio y el racismo contra nuestras comunidades han ido en aumento. En 2005, cuando el congresista Jim Sensenbrenner propuso el Proyecto de Ley HR4437 con el apoyo del Partido Republicano, nos organizamos y salimos a las calles a protestar. Bajo esa ley, nuestros hijos tendrían que denunciar a sus propios padres indocumentados, de otra forma serían tratados como criminales. Mi hijo tendría que reportarme—a mí, su propia madre.

1   De acuerdo con el diccionario *American Heritage Dictionary*, un 'bebé ancla' significa: "*Despectivo*. Utilizado como término peyorativo para referirse a un infante nacido de una madre extranjera en un país donde se obtiene la ciudadanía automáticamente al nacer en su territorio, en especial cuando se cree que el lugar de nacimiento de dicho infante ha sido elegido a fin de aumentar las posibilidades de que la madre u otros parientes obtengan la ciudadanía eventual".

Luchamos contra esta ley porque se basa en el odio, un odio que genera leyes como las que hemos visto en Arizona y en Alabama. Más de un millón de personas han sido deportadas de los Estados Unidos en los últimos años: padres, madres, esposas, esposos. Esto ha impactado en la economía del país y en las familias que sufren inestabilidad, quienes pierden las pocas pertenencias que han logrado obtener, y también a sus familiares.

Necesitamos de una mejor organización propia para enfrentar toda ley racista y xenófoba de este país. Es importante luchar y protestar. Si no luchamos, tendremos más individuos racistas como el sheriff Arpaio, y más proyectos racistas como el programa 287g, que no había sido aplicado durante el mandato del presidente Bill Clinton pero que, tras los ataques del 11 de septiembre de 2001, sí fue implementado por la administración Bush.[2] Los trabajadores inmigrantes tenemos que acercarnos a nuestras iglesias y organizaciones para luchar a fin de que se respeten nuestros derechos. Si no nos organizamos, no lograremos obtener ninguna reforma migratoria. Si nosotros, los trabajadores, no nos organizamos ni nos movilizamos, las organizaciones y sus dirigentes no podrán obtener ninguna reforma por nosotros.

Hay líderes inmigrantes que desde la década de los ochenta, con la amnistía de 1986, han luchado por los derechos de los inmigrantes. Algunos de ellos son líderes falsos, a quienes solo les interesan las donaciones para sus organizaciones o trabajar bajo la tutela de las fundaciones para ganar buenos salarios. Pero también hay líderes comprometidos—aquellos migrantes que ya han perdido el miedo. Los líderes del movimiento tienen que hacer campaña y postularse para ocupar cargos

2   El 287g es un programa federal del Departamento de Seguridad Nacional de los Estados Unidos que les permite a las autoridades locales aplicar las leyes migratorias; por lo tanto, la policía local no solo adhiere a su postura de proteger la seguridad pública, sino que también hace cumplir la ley civil.

públicos, y reemplazar así a los políticos actuales para poder representar
por completo nuestras necesidades. No obstante, hay algunos políticos
comprometidos a trabajar con migrantes. El congresista Luis Gutiérrez,
que ha participado en actos de desobediencia civil, es uno de ellos.

En septiembre de 2003, cuando iba a ser deportada, varias organizaciones comunitarias presionaron a Luis Gutiérrez quien, junto con el
senador Durbin, promovió una petición para detener mi deportación. Lo
hicieron porque pensaron que mi historia serviría para obtener el apoyo
de la comunidad y así lograr que la gente se involucrara. Pero el senador
Durbin sólo quería luchar por la Ley DREAM, y no por una reforma
migratoria para todos. Finalmente, decidió dejar de apoyar la petición.

Durante ese tiempo, escuché hablar del Movimiento Santuario,
que sirvió para ayudar a aquellos que huían de la violencia de la guerra
civil en El Salvador y Guatemala, y que buscaban asilo en las iglesias de
los Estados Unidos para evitar ser deportados y tener que enfrentar a
los escuadrones de la muerte. Fue entonces que le propuse la idea de
un Nuevo Movimiento Santuario a mi iglesia. Me dijeron: "Si quieres
luchar, te vamos a apoyar en tu lucha". Les tengo un profundo respeto
a los pastores que luchan junto a la comunidad, aunque también hay
sacerdotes y obispos que no hacen nada.

El 15 de agosto de 2007 tuve que entregarme a las autoridades migratorias. Me levanté a las 5 a. m. y me dirigí a una entrevista de radio con *El Pistolero*, el DJ de un programa matutino de La Que Buena
105.1 de Chicago. Hablamos de todo el trabajo que yo había realizado
desde 2003 a favor de la reforma migratoria.[3] Mi estatus temporal había

---

3   En julio de 2005, *El Pistolero* ayudó a organizar una marcha contra los *Minutemen* en el
      distrito de los frigoríficos de carne de Chicago, en la cual participaron más de 40.000 inmigrantes. Los *Minutemen* ("hombres al minuto") eran miembros selectos de una milicia de
      partisanos coloniales durante la Guerra de Independencia de los Estados Unidos, capaces

terminado, y los medios me preguntaban cuándo me iba a entregar a las autoridades. Mi pastor habló con el asistente legal de mi abogado, y me dijeron que fuera a la iglesia. Mi pastor me dijo: "Vamos a declarar la iglesia un lugar de santuario para ti". Había hablado con el obispo, quien le contó que nuestra iglesia había trabajado para la comunidad durante años y que no podía permitir que me deportaran. El obispo estaba a favor de la reunificación familiar y quiso declarar a la iglesia un lugar de santuario. Esta era la casa de Dios y él la protegería, me dijo.

No teníamos idea sobre cómo hacer de la iglesia un santuario. No sabíamos qué iba a ocurrir; si irrumpirían la policía o los oficiales de inmigración. Estábamos preocupados, y lo único que hicimos fue rezar. Me decían que yo serviría de ejemplo de la hipocresía de la administración Bush. Estuve en santuario durante un año entero, y durante todo ese tiempo mucha gente vino a apoyarme. El Senado comenzó a debatir una propuesta de reforma, pero no se aprobó nada. Nancy Pelosi era ahora líder de la Cámara, y teníamos la esperanza de que los demócratas trabajaran para lograr la reforma migratoria.

Decidí que no podía quedarme más tiempo en la iglesia, que tenía que luchar. Si me deportaban, pues que me deportaran. Sentía la urgencia de hacer algo porque nada se encaminaba hacia la reforma migratoria. Así que decidí ir a California a ver a Nancy Pelosi, y fue entonces que me arrestaron y me deportaron.

Ahora que estoy en México otra vez, me encantaría quedarme en casa y cuidar a mis gallinas, pero siempre hay una causa por la cual luchar. Tenemos que seguir peleando por los derechos de los trabajadores,

---

de desplegarse en cuestión de minutos—y de allí deriva su nombre. En la actualidad, este grupo está constituido por ciudadanos estadounidenses dedicados a restringir el paso de inmigrantes indocumentados en la frontera Estados Unidos-México.

de los niños, por la atención médica y también contra las leyes de los Estados Unidos que buscan designar al idioma inglés la única lengua del país. En caso de que haya una reforma migratoria integral, es muy probable que algunas personas sean deportadas y otras se vean beneficiadas. Por ejemplo, según la ley de atención médica promovida por Obama los inmigrantes indocumentados quedan excluidos, porque para los republicanos somos una carga. Nosotros vemos la reforma migratoria como la esperanza de que algún día se reconozcan nuestros derechos, los derechos de los inmigrantes indocumentados.

Los jóvenes DREAMers han realizado un trabajo admirable por los derechos de los inmigrantes, incluso arriesgando su propia seguridad. Los jóvenes que tienen padres indocumentados también luchan por sus familias. La gente me pregunta por qué no estoy de acuerdo con la Ley DREAM. Creo que la comunidad tiene que movilizarse por una reforma migratoria para todos—para nuestras familias—, y no solo por los DREAMers o los campesinos.

Siempre he creído en el poder de la familia. Muchas familias han ganado varios casos, han logrado regularizar su estatus migratorio, aunque otras han sido deportadas. Así es cómo se lucha, y así es cómo continuamos luchando. Ahora implementamos la desobediencia civil. Nuestros abogados de Familias Unidas, Chris Bergen y Roberto López, han sido arrestados y encarcelados. Hasta esto hemos llegado. Hay gente muy valiente que se ha involucrado en el movimiento, y la lucha continúa.

Ahora que vivo en México, veo lo que ocurre con los inmigrantes centroamericanos en este país, cómo se violan sus derechos humanos. Siempre habrá inmigrantes por quienes luchar. Tenemos que respetar sus derechos humanos, los derechos de todos los inmigrantes. He continuado luchando por mejores leyes inmigratorias en México. Frente a la embajada de los Estados Unidos organizamos el *"vía crucis del migrante"*, una marcha religiosa que refleja el viaje de los migrantes. La última vez, marchamos con inmigrantes centroamericanos hasta el río Suchiate, en la frontera entre el estado mexicano de Chiapas y Guatemala. Fuimos detenidos por las autoridades migratorias mexicanas, pero logramos llegar hasta el final.

También hemos llevado a migrantes centroamericanos indocumentados al Congreso mexicano para hablar con los representantes. Nunca habíamos hecho algo así antes. En México, he tomado los trenes que llevan a los migrantes centroamericanos hacia el norte. He pasado muchas noches con los centroamericanos en esos trenes en su camino migratorio. A veces me despierto y me pregunto: "¿Qué demonios hago aquí?". Pero la lucha debe continuar. Lo que les sucede a los migrantes centroamericanos en México es trágico, y el gobierno no hace nada para detenerlo o para luchar por una reforma migratoria.

Estamos organizando una caravana de sur a norte, y vamos a cruzar todos los estados del país. Queremos elevar el nivel de conciencia entre todos los jóvenes mexicanos y la comunidad en general sobre el hecho de que hay migrantes en todas partes del mundo. Lo más injusto respecto de las políticas migratorias—especialmente en los Estados Unidos—es la separación de las familias y la criminalización de los migrantes que solo buscan una vida mejor.

Aunque he regresado a México, para mí la lucha continúa mientras marchamos hacia un mejor trato para todos los migrantes desplazados del mundo. Y esta lucha ha sido la experiencia más importante de mi vida.

Globalizando la Lucha
De La Guerra Civil a la Migración

Pablo Alvarado

RED NACIONAL DE JORNALEROS Y JORNALERAS

Muchos de los que venimos de Latinoamérica nos hemos involucrado en el movimiento por los derechos de los inmigrantes en los Estados Unidos debido a las experiencias que hemos tenido en nuestros países de origen. Durante mi juventud en El Salvador, entré en contacto con la tradición de la educación popular y me enamoré de su forma de resistencia. También me involucré en el movimiento durante la guerra civil de 1980 a 1992. Luego, cuando llegué a los Estados Unidos, pude aplicar las experiencias y el conocimiento que había obtenido en El Salvador.

Nuestra transformación personal se ve influenciada por lo que ocurre en el Sur global. Veo que la gente como yo ha traído consigo nuestras ideas y nuestras lecciones a este país, y muchos de nosotros regresamos a casa llevando muchas ideas de este país. La fluidez de estas ideas ayudará a generar cambios concretos en este país; cambios que le permitirán a la gente mantener a sus familias.

Mis padres eran campesinos. Yo vengo de un pueblo pequeño donde no había agua potable ni electricidad y la mayoría de la gente trabajaba en las plantaciones de café. Mi madre no fue a la escuela, y mi padre sólo estudió hasta tercer grado. A pesar de ello, nos inculcó que fuéramos a la escuela. Empecé la escuela a los cinco años, y todos los días regresaba a casa para trabajar en el campo con mi padre. Todo cambió cuando comenzó la guerra. En mi pueblo solo se podía ir a la escuela hasta cuarto grado. Para ir a quinto grado tenía que caminar muy lejos. Todos los días, mientras iba camino a la escuela, veía cadáveres, brazos y piernas en la calle. Esto te impresiona bastante cuando eres tan solo un niño pequeño. Pero, en aquel entonces, me era imposible comprender la complejidad de los problemas que enfrentábamos en El Salvador.

En aquellos años, mi padre tenía sus propios bueyes con los que traíamos agua al pueblo. Se nos consideraba una familia de clase media solo por tener estos bueyes, pero ni siquiera teníamos zapatos.

Tiempo después, cuando dejé mi pueblo para continuar mis estudios, vi como trataban a los niños que no tenían zapatos. Los otros niños de la ciudad se burlaban de mí. Por alguna razón, los maestros en el aula separaban a los niños de las zonas rurales de los niños de la ciudad. Si bien en ese momento no entendía los conceptos de clase y raza que ahí se desarrollaban, luego logré comprender el papel que jugaba la clase económica. Sin embargo, no fue hasta que vine a los Estados Unidos que pude entender el papel que jugaba la raza.

En mi pueblo también había divisiones. Durante un tiempo, mi padre se unió a un grupo paramilitar de derecha. Estos grupos reclutaban niños a la fuerza y los llevaban a servir en el ejército. Aunque era un verdadero derechista, mi padre renunció a ese grupo. Todos sus hijos terminaron siendo izquierdistas. Cuando comenzó la guerra civil, muchos de mis amigos desaparecieron, fueron torturados y asesinados; incluida una amiga muy cercana de mi familia. Recuerdo que la llevaron a una casa abandonada cerca de la mía y la torturaron. Sus gritos podían escucharse durante las sesiones de tortura.

A mis doce años, uno de mis hermanos se graduó de maestro. Era el maestro del pueblo, y les enseñaba a los campesinos a leer y escribir. Comencé a trabajar con él, y me parecía tan curioso ver cómo los adultos pronunciaban las letras y las palabras, y cómo se esforzaban por sostener el lápiz y escribir. Luego, a los dieciséis, me convertí en el maestro del pueblo.

Mi padre nos obligó a ir a la escuela, y gracias a ello tuve la oportunidad de asistir a la universidad y la suerte de unirme al movimiento estudiantil. Por aquel entonces, en plena guerra civil, había huelgas de transporte y tenía que caminar o pedir un aventón para ir de mi pueblo a la universidad, en la ciudad de San Miguel. En la universidad, el personal académico y de las facultades se juntaba y desarrollaba el plan de estudios para dictar clases de lectura, escritura y matemática básica a gran escala. Mi idea era ser coordinador de miles de estudiantes para impartir estas clases.

En mi último día de clases, justo antes de comenzar a ejercer como coordinador, llegué a mi casa a las 8 p. m. y encontré a toda mi familia reunida. Mi hermano menor había recibido una amenaza de muerte. Había dos opciones: ir a las montañas con la guerrilla, o salir del país. No tenía intención de venir a los Estados Unidos, pero mi familia me pidió que acompañara a mi hermano.

Nos fuimos al día siguiente. Nos tomó un mes llegar hasta aquí. Yo tenía veintidós años y mi hermano diecisiete, y cargábamos con nosotros todas las experiencias y los duros recuerdos de la guerra civil. Representó todo un proceso para nosotros integrarnos a una sociedad civil en paz—no una paz completa, pero sí una paz donde no había tanta violencia política. Además, ya había desarrollado un nivel de conciencia y perspectiva sobre el gringo y la forma en que su gobierno estaba involucrado en la guerra de mi país.

La cultura dominante en los Estados Unidos es una cultura capitalista que te dice que vayas a la escuela para poder acumular cosas, ganar dinero y tener poder sobre los demás. A esto lo llamamos el "sueño americano". En El Salvador existe algo similar, y en todo el mundo aprendemos a internalizar los valores del capitalismo. Los valores de la clase dominante se manifiestan en la gente humilde—en los campesinos y la clase trabajadora.

Pero existe otra cultura, una cultura donde la gente lucha para liberarse y para cambiar las condiciones de su vida. Esto implica enfrentar las problemáticas que afectan sus vidas y unirse de manera organizada para que la comunidad pueda reflexionar y crear su propia cultura de liberación.

En los Estados Unidos, he trabajado como carpintero, trabajador de demolición, jardinero y repartidor—todo sin papeles migratorios. Trabajaba en una fábrica al Este de Los Ángeles cuando me enteré de que buscaban voluntarios para enseñarle a la gente a leer y escribir. Como tenía experiencia, decidí involucrarme y finalmente ayudé a fundar el Instituto de Educación Popular del Sur de California.

Utilizando las teorías de Paulo Freire y la educación popular, comencé a dar clases en una fábrica donde trabajaba y en la comunidad que la rodeaba. Cuando aprendí a hablar un poco de inglés, le enseñaba a la gente a hablar inglés con lo poco que sabía. Los trabajadores que venían a las clases comenzaron a relatar sus historias personales de acuerdo con la metodología de la educación popular, que se basa en la experiencia de los participantes.

Muchos de los participantes eran jornaleros. Traían historias de lo que les había ocurrido en las esquinas con la policía, con empleadores que no les pagaban por su trabajo. Con el poco inglés que sabía, comencé a ayudar a los jornaleros a recuperar sus salarios robados. Estudiaba lo que tenía que decir en inglés, lo memorizaba e iba a buscar al empleador para decirle "¡Tienes que pagar!" A veces me encontraba con los empleadores y no entendía nada. Simplemente memorizaba de antemano lo que tenía que decir y lo repetía. También tenía reuniones con la policía para presionarlos a fin de que hicieran más para proteger los derechos de los trabajadores.

Poco después, la ciudad intentó abrir un salón de contratación para jornaleros y comencé a organizar a los trabajadores para la campaña, diciéndoles que si querían algo, tendrían que hacerlo ellos mismos. Mediante este proceso llegué a conocer a la Coalición por los Derechos Humanos de los Inmigrantes de Los Ángeles (CHIRLA, por sus siglas en inglés). En 1995, me contrataron para mi primer puesto remunerado como organizador para trabajar con los jornaleros.

En ese entonces, también comenzamos a trabajar para hacer que los centros de contratación fueran más democráticos, implementando clases de liderazgo donde la gente aprendía muchísimo. En la actualidad, muchos de los que participaron en nuestra escuela de liderazgo son organizadores en los sindicatos de Los Ángeles o se han ido a otros estados para ayudar a organizar y abrir otros centros de jornaleros.

También formamos una gran liga de fútbol de jornaleros en Los Ángeles, con más de veinte equipos. Tiempo después, se formaron equipos en Nueva York, Washington D.C. y San Francisco. Estos intercambios informales iniciaron un proceso mediante el cual los organizadores y trabajadores de diversos centros comenzaron a hablar y a compartir experiencias sobre lo que funcionaba y lo que no. Durante los partidos, los trabajadores hablaban sobre cuánto les pagaban, cómo era el trabajo donde vivían, cómo se enfrentaban a la policía, etc. De hecho, la idea de formar la Red Nacional de Jornaleros y Jornaleras (NDLON, por sus siglas en inglés) nació durante un partido de fútbol.

Nos dimos cuenta de que los trabajadores de Los Ángeles migraban a Washington o a Oregon durante el invierno. Los trabajadores decían "Voy a Portland, ¿quién puede ayudarme mientras esté allí?". De modo que me ponía a investigar qué personas u organizaciones los podían ayudar cuando estuvieran allí. La red comenzó como algo informal, y así la administramos hasta 1999, cuando pudimos celebrar la primera conferencia de jornaleros y sus organizaciones en la Costa Oeste. Comenzamos a crear un programa nacional para los jornaleros y, en 2001, fundamos la Red Nacional de Jornaleros y Jornaleras. Yo era el coordinador y el único miembro del personal de la organización.

En la actualidad, la red requiere que las organizaciones miembro estén lideradas por los trabajadores mismos, porque no creemos que se pueda lograr un cambio sin aquellos que se encuentran directamente afectados. Por ejemplo, cuando los agentes de inmigración golpean la puerta de la casa de una familia inmigrante, no hay organizaciones que se encarguen de defender a esa familia. Los trabajadores deben conocer sus derechos para poder defenderse ellos mismos. El desarrollo del liderazgo es parte de un proceso mediante el cual la gente aprende sus derechos y los hacer cumplir por sí misma. Es obvio que en materia de inmigración, los trabajadores son los mejores voceros.

También estamos creando alianzas con la comunidad afroamericana. En Georgia, por ejemplo, vamos a establecer comités de defensa junto con afroamerican@s y latin@s. Antes de que l@s latin@s llegáramos a Georgia, este era un estado compuesto en su mayoría por una comunidad negra con una rica historia. La razón por la cual pudimos llegar y evitar comenzar de cero con la lucha se debe a que ellos ya lo habían hecho antes que nosotros. De modo que, como comunidad, tenemos que reconocer y celebrar las luchas del pasado y de la actualidad, y crear alianzas de mutuo beneficio. Me gustaría ver un movimiento multirracial, donde podamos luchar contra los mismos sistemas que nos obligaron a abandonar nuestros países, contra el sistema que envía esos empleos locales bien remunerados de los Estados Unidos a lugares donde hay más explotación, y contra un sistema que intenta encarcelar a las comunidades afroamericanas e inmigrantes.

Esto está estrechamente relacionado con nuestra teoría del cambio. Creemos que no se puede crear un cambio social a menos de que participen aquellos que se encuentran directamente afectados. Mi visión y comprensión política han cambiado debido a mi experiencia y a mi trabajo con los jornaleros. He visto a la policía y a los empleadores maltratar a los inmigrantes. He visto la forma en que la gente trata a los inmigrantes como indeseables; incluso aquella gente que está "de nuestro lado" ve a los jornaleros como un problema. Los ven en la calle y los asocian con los problemas desagradables de nuestra sociedad; dicen que los que buscan empleo en la vía pública nos dan una mala imagen. Hasta otros inmigrantes indocumentados dicen lo mismo. Otros han dicho que son imposibles de organizar.

No obstante, vi la oportunidad de incorporar dignidad a este trabajo, de luchar contra un sistema que intentaba criminalizar a los jornaleros con ordenanzas que hacían que buscar empleo en la vía pública fuera ilegal. Vi la oportunidad de crear campañas para luchar contra este tipo de abusos, pero no sólo *contra* el sistema—también pudimos generar algo nuevo. Abrimos nuevos centros de jornaleros donde los trabajadores podían participar creando algo diferente tanto para ellos como para sus comunidades.

Hoy la red está compuesta por más de cuarenta organizaciones a nivel nacional. Hemos luchado y obtenido el derecho a que los jornaleros puedan buscar empleo en la vía pública en cualquier lugar del país. Hemos ayudado a lanzar campañas nacionales para defender los derechos de los trabajadores inmigrantes en Arizona y Alabama, y ahora hemos iniciado una nueva campaña, Cambiar la Marea (*Turning the Tide*), contra el programa de Comunidades Seguras, por medio del cual Obama ha deportado a más inmigrantes que la administración de George W. Bush.

Esto es lo que le sucedió a uno de los principales agentes del Servicio de Inmigración y Control de Aduanas de los Estados Unidos, encargado del programa Comunidades Seguras de Maryland. Supuestamente, este programa era un sistema perfecto, porque todas las personas tenían que dar sus huellas digitales, y su información tenía que ser verificada en una base de datos nacional. En una reunión sobre Comunidades Seguras, un grupo de activistas y abogados argumentaban que esto no era así. Pero el agente de inmigración se mantenía firme diciendo que ellos solo deportaban criminales. Inmediatamente, una mujer inmigrante se puso de pie y le dijo: "Señor, usted miente. Porque yo, María Bolaños, llamé a la policía cuando me golpeaba mi esposo, y cuando llegaron me arrestaron. Ahora estoy en proceso de deportación". Le enseñó el brazalete en su tobillo y le dijo de nuevo que mentía. Luego de divulgar esos detalles, la atmósfera de la sala cambió por completo. Esto es lo que ocurre cuando aquellos directamente afectados luchan por sí mismos.

En 2011, tuvimos una marcha en Georgia en la que participaron veinte mil personas. Antes de la marcha, armamos talleres en las comunidades. En uno de esos talleres, un joven mexicano dijo: "Cuando llegué aquí, llegue así", y caminó en círculo con la cabeza gacha. "Pero ahora me voy así", y levantó la cabeza. Eso ocurrió una semana antes de la movilización, y después regresó a su comunidad y trajo consigo cinco autobuses llenos de gente. Consiguió que un ranchero pagara por todos los autobuses. Ese cambio que pudimos contemplar en una persona es parte de nuestro esfuerzo por lograr un cambio más grande.

La mayoría de los centros de jornaleros fueron creados porque existía un conflicto y una necesidad, y se han convertido en centros de transformación. En la NDLON, hemos hecho dos cosas al mismo tiempo: hemos luchado contra las ordenanzas que prohíben solicitar empleo en la vía pública y hemos creado una alternativa. Hay algo maravilloso en hacer que la policía se involucre en nuestras actividades para que puedan entender que los jornaleros necesitan su propio espacio.

He visto transformaciones en oficiales de policía, empleadores y residentes. He visto a oficiales pasar de ser completamente antiinmigrantes, a ser algunos de los aliados más comprometidos. Creo sinceramente en este tipo de transformaciones personales. También he visto cambiar a los jornaleros una vez que se dan cuenta de su propio poder. Los centros de jornaleros son parte de este proceso, porque representan un lugar donde los jornaleros pueden involucrarse y tener una voz unida para defender su derecho a buscar empleo en la vía pública. Sin embargo, no solo se defienden los derechos de los jornaleros, sino también los de toda la comunidad.

Creo que la defensa de los derechos de los jornaleros, de sus derechos en el lugar de trabajo, y la lucha en materia migratoria son esenciales para todos. Cuando la gente humilde lucha, todos se benefician. Es irónico que hayan sido los jornaleros quienes han luchado por el derecho de la gente a buscar empleo en la vía pública, y que después de la crisis económica en los Estados Unidos muchos ciudadanos comenzaran a buscar empleo en las esquinas, tal como lo hacían los jornaleros. Si los jornaleros inmigrantes no hubieran luchado antes, esa gente no habría contado con el derecho a buscar empleo en la vía pública.

Pienso que la gente vulnerable lucha por defender los derechos de toda la sociedad, y que tienen la capacidad para lograr grandes cambios. Mi visión original era que los centros de jornaleros representaran esta teoría del cambio a nivel local, pero más tarde modificamos esa perspectiva para abarcar el cambio a nivel nacional, porque veíamos que se estaban promulgando leyes y regulaciones contra los jornaleros a nivel nacional. Tuvimos que luchar, porque no había nadie más que lo hiciera. Home Depot, una empresa multinacional multimillonaria, estaba detrás de una de estas leyes, pero logramos vencer sus propuestas a pesar de ser una organización tan pequeña.

Probablemente haya más luchas en el futuro. Es nuestro ideal detener el robo de salarios y las leyes antiinmigratorias como la Ley SB1070. Pero también creo que habrá más salones de contratación para jornaleros y que inevitablemente conseguiremos papeles migratorios. No obstante, cuando se piensa en la relación entre el desempleo y la inmigración, el miedo se apodera del país. La pregunta es: ¿Quién tiene la capacidad para responder a este miedo? Creo que es la gente misma que limpia las casas y cuida los jardines de aquellos que tienen miedo quienes pueden hacerlo. He visto cómo las comunidades de inmigrantes pueden llegar a los ciudadanos estadounidenses y ganarse su confianza, y convencerlos de nuestra causa con el relato de nuestras historias de lucha.

Los jóvenes involucrados en la Ley DREAM lo han demostrado con el uso del lenguaje liberador de "salir del clóset". Muchos de los hijos de los jornaleros de California participaron en la aprobación de la Ley DREAM. Esta es la próxima generación que continuará la lucha. Tenemos que apoyar su lucha porque ellos son nuestros futuros organizadores. El camino es largo, pero sé que si desarrollamos una cultura de liberación liderada por las comunidades afectadas, venceremos.

NOT ONE MORE DEPORTATION

#NOT1MORE #NIUNAMÁS

SECCIÓN II

Nuestras Soluciones

Introducción

En la primavera de 2006, varias ciudades a lo largo del país participaron en las marchas más populares en la historia de los Estados Unidos, convocando a millones de personas a las calles, bloqueando carreteras y paralizando industrias enteras—la industria frigorífica, gastronómica y de la construcción—industrias altamente dependientes de la fuerza laboral latina inmigrante.[1]

Dos grandes marchas tuvieron lugar en Austin, Texas. Una, el 10 de abril, y la otra, el Primero de Mayo durante el *Día sin Inmigrantes*. Para esta última, los organizadores de la coalición le pidieron a la gente que faltara al trabajo, que no comprara nada y que abandonara las

---

1   En el transcurso de cuatro meses breves durante la primavera de 2006, entre 3.5 y 5.1 millones de latin@s protestaron en las calles de más de 160 ciudades de los Estados Unidos. Matt A. Barreto, Sylvia Manzano, Ricardo Ramírez, and Kathy Rim, "Mobilization, Solidaridad and Politics By Other Means: Latino Participation in the 2006 Immigration Protest Rallies," *Urban Affairs Review* 44, 2008, 736–764. En Austin, Texas, donde según el censo oficial realizado en 2006 el 70% de la fuerza laboral de la construcción había nacido fuera del país, la prensa hispanohablante estimó que el 80% de los sitios de construcción habían cesado sus actividades. Las compañías Tyson Foods, Inc. y Cargill Meat Solutions cerraron varias plantas a lo largo del país, brindándoles a miles de trabajadores la oportunidad de tener el día libre para poder asistir a las marchas. Disponible en: http://theworldlink.com/news/local/immigrants-flex-economic-muscle-with-boycott/article_c88a4723-d4c7-5ffa-b61b-7265e9b1b1f7.html.

escuelas. Los organizadores de la marcha reunieron a las Iglesias católica y evangélica, a socialistas, anarquistas, grupos LGBT, estudiantes universitarios y de preparatoria, sindicatos y organizaciones de servicios sociales—fue una de las coaliciones más amplias que se hayan visto en la historia de la ciudad.

La decisión de apoyar el boicot económico convocado para el Primero de Mayo, Día Internacional de los Trabajadores, por la Coalición 25 de Marzo, con sede en Los Ángeles, se vio rodeada de controversias. Esto hizo que algunos miembros, como la Iglesia católica, retiraran su apoyo público. Sin embargo, las organizaciones con miembros indocumentados como el Proyecto Defensa Laboral,[2] un centro de trabajadores inmigrantes latinos, estuvieron bastante motivados por la oportunidad de participar en la huelga general, y con gran emoción pasaron todas las tardes previas a la marcha visitando iglesias, vecindarios de inmigrantes y supermercados instando a los demás a que se unieran a la huelga.

Estas acciones masivas no estaban dirigidas ni controladas por ningún grupo o individuo, sino por la comunidad misma. Las marchas se convirtieron en una impresionante muestra de unidad y de la capacidad del movimiento para producir una movilización rápida y masiva, algo que no se había visto en los Estados Unidos desde las marchas originales del Primero de Mayo en 1886, las cuales movilizaron a cientos de miles de trabajadores e inspiraron un movimiento internacional por la jornada laboral de ocho horas.

Aunque la prensa hispanohablante jugó un papel crítico en la

2   Cristina Tzintzún, editora de *¡Presente!*, fue una de las organizadoras principales de las marchas de 2006 junto con el Proyecto Defensa Laboral de Austin, Texas, y fue testigo de la movilización masiva de la comunidad de inmigrantes indocumentados durante ese período.

movilización de la comunidad para que participara en las marchas en Austin, los medios de prensa de habla inglesa cubrieron los acontecimientos como si los inmigrantes indocumentados organizados hubieran surgido de la noche a la mañana. Muchos periodistas declararon que los inmigrantes "habían salido de las sombras", un término que oscurecía la realidad de las comunidades de indocumentados. Pero las comunidades de indocumentados no habían estado escondiéndose en las sombras, sino que simplemente levantaron el velo de la ignorancia de nuestro país ante su grave situación. Los inmigrantes indocumentados habían estado organizándose y haciendo pública su lucha desde hacía mucho tiempo. El problema era que nuestros funcionarios electos, los intereses empresariales y la cultura dominante simplemente no habían estado escuchando.

Para muchos de nosotros que participamos en estas movilizaciones masivas, la reforma migratoria parecía verse en el horizonte. En ese momento, la administración Bush presionaba por una reforma más abarcadora y humanitaria que la que se promueve ahora bajo la administración Obama.[3] Después de todas las inspiradoras Mega Marchas que se llevaron a cabo en todo del país, nos preguntábamos: "¿Cómo pueden los políticos no actuar a favor nuestro?". Pero continuaban sin hacerlo. Mientras las marchas pasaban a segundo plano y las manifestaciones de los Primeros de Mayo se hacían cada vez más pequeñas conforme pasaban los años, nuestra comunidad se puso a la

---

3   Durante 2005, el presidente Bush propuso otorgar visas para trabajadores extranjeros por tres años a los trabajadores indocumentados, pero dicha propuesta fue vista con escepticismo y enojo por muchos miembros del Partido Republicano. En ese entonces, el Partido Demócrata no pudo articular una propuesta cohesiva, aunque ha habido un liderazgo importante al respecto por parte de algunos representantes como Luis Gutiérrez, de Illinois. Michael A. Fletcher and Darryl Fears, "Bush Pushes Guest-Worker Program," *Washington Post*, November 29, 2005: disponible en http://www.washingtonpost.com/wp-dyn/content/article/2005/11/28/AR2005112800067_2.html.

defensiva. Los legisladores conservadores y las municipalidades locales comenzaron a esbozar sus draconianas políticas migratorias.

Al mismo tiempo, una explosión de organizaciones comunitarias de inmigrantes latin@s surgió de las marchas. Aparecieron coaliciones a favor de los derechos de los inmigrantes en estados y ciudades, se fundaron centros de trabajadores en respuesta a la enorme cantidad de abusos que sufren los trabajadores indocumentados en sus puestos de trabajo, y los estudiantes indocumentados comenzaron a articular su propia perspectiva con respecto a una reforma migratoria. Si bien las marchas de 2006 cobraron importancia al haber sido la forma de resistencia más visible, estas no han sido la única estrategia organizativa que ha utilizado el movimiento.

Esta sección hace hincapié en las voces clave que ayudaron a movilizar e inspirar las marchas en todo el país, con la comprensión de que si bien la mayoría de los participantes en estas acciones no tenían lazos con ninguna organización, las marchas mismas contaron con la iniciativa de organizadores inmigrantes que tenían años y, en algunos casos, décadas de experiencia luchando por los derechos de los inmigrantes. Los estudiantes indocumentados, conocidos como "DREAMers", fueron uno de los grupos que mantuvieron el ímpetu después de las marchas. Muchos DREAMers han estado al frente del movimiento por los derechos de los inmigrantes, y han utilizado tácticas agresivas de desobediencia civil para demostrar la urgencia de su causa. Han presionado a los miembros de la comunidad para que "afirmaran" su condición de indocumentados, corriendo el riesgo de ser deportados, pero desafiando así las percepciones, a los políticos y a sus propias comunidades. Estos estudiantes han hecho huelgas de hambre, ocupado oficinas del Senado y marchado por todo el país bajo la bandera de una reforma migratoria. Se han ganado la admiración de la comunidad indocumentada en general, así como la enemistad de los grupos antiinmigrantes. En muy poco tiempo, los DREAMers se han convertido en veteranos organizadores, desarrollando una experiencia y una visión que le servirá de apoyo al próximo movimiento por los derechos de los inmigrantes.

Además de los DREAMers, esta sección se enfocará también en las comunidades víctimas de la criminalización masiva y el acoso por parte de la policía y las autoridades migratorias. La criminalización de los inmigrantes indocumentados en este país ha creado nuevos desafíos para el movimiento, y ha hecho que la comunidad inmigrante quedara paralizada ante la violenta arremetida del incremento de la presencia policial y de agentes de inmigración, lo cual ha afectado a casi todas las comunidades del país. Mientras que una mayor presencia policial y de agentes de inmigración ha traído como consecuencia una cantidad récord de deportaciones a nivel nacional, lugares como Arizona se han convertido en laboratorios para las políticas migratorias más punitivas del país. Muchos grupos de inmigrantes en Arizona han enfrentado estas políticas sin miramientos, haciendo que cientos de miles de personas salieran a las calles, coordinando impresionantes actos de desobediencia civil y tomándose el tiempo para construir lentamente una base en las comunidades de inmigrantes capaces de su propia defensa. Grupos como Tierra y Libertad, de Tucson, se han organizado junto con inmigrantes indocumentados contra la complicidad del Servicio de Inmigración y Control de Aduanas y la policía, y han aprovechado la oportunidad para arraigarse en la comunidad y desarrollar campañas que los involucren en proyectos vecinales a largo plazo centrados en la salud y en la educación. Estos proyectos demuestran la posibilidad de organización y de concientización a largo plazo tras la reforma migratoria. Estas estrategias vecinales de defensa propia están inspiradas en los comités de defensa vecinal que protegían a los barrios de la guerrilla izquierdista de los escuadrones de la muerte durante la horrible guerra civil en El Salvador.

Mediante la construcción de un movimiento sin fronteras nacionales, las estrategias de organización transnacional de los migrantes indígenas indocumentados allanaron el camino para la campaña por el Derecho a Permanecer en Casa (*Right to Stay Home*). Esta campaña impulsó la idea de que el "problema" migratorio requiere de una comprensión más profunda y de una respuesta que rompa con las fronteras nacionales. Los migrantes indígenas han afirmado que para ellos la explotación comienza en México, con la migración forzada de cientos de miles de mexicanos debido a las condiciones económicas que ha traído aparejadas el Tratado de Libre Comercio de América del Norte, el cual ha devastado la economía agrícola del país, ha forzado las migraciones masivas y la separación de muchas familias, y ha llevado a las lenguas y comunidades indígenas al borde de la extinción.[4]

En 2006, la comunidad de inmigrantes indocumentados se unió de costa a costa, desde las ciudades más grandes hasta las zonas rurales de los Estados Unidos, para gritar de manera colectiva "¡Basta!". No

---

4   En 2004, el presidente mexicano Vicente Fox presumía en anuncios televisivos que durante su mandato siete millones de mexicanos habían salido de la pobreza. Durante ese mismo año, se estimó que 390.000 mexicanos habían dejado el país para establecerse en los Estados Unidos, sumándose así con los millones de ciudadanos mexicanos que ya residían en el extranjero. A este paso, no sorprende descubrir que el 96.2% de las municipalidades mexicanas registren patrones migratorios internacionales. Las comunidades indígenas en particular poseen índices de migración bastante altos. Una aldea zapoteca de Villa Alta, Oaxaca, que sondeé en 2006, registró que el 40% de sus habitantes vivía en el extranjero.

estaban liderados por ninguna organización, partido político o sindicato, sino por su propia sed de igualdad. Esta fue la fuerza del movimiento, pero también su debilidad, dado que el cambio prolongado no
puede lograrse sólo con momentos espontáneos de alteración, sino con
un compromiso a largo plazo que desarrolle la capacidad colectiva y las
organizaciones de los oprimidos a fin de generar un cambio e inclinar
el equilibrio de poder. Pero, por sobre todo, un cambio prolongado
permite una transformación en la conciencia individual y colectiva de
una comunidad, fomentando su capacidad para imaginar y poner en
práctica una realidad que es radicalmente más amplia que el status quo.

Desde las marchas de 2006, la vida diaria de los inmigrantes indocumentados en este país se ha vuelto cada vez más insoportable. Mientras
que la posibilidad de que se apruebe una reforma migratoria integral se
ha ido haciendo cada vez más a un costado, las organizaciones a favor
de los derechos de los inmigrantes, como la Hermandad Mexicana, en
California, y Fuerza Unida, en San Antonio, han enfocado su atención
en la defensa de sus comunidades mediante esfuerzos localizados, a
través de campañas de organización obrera, asegurando la obtención
de licencias de conducir para los indocumentados, buscando garantizar
la colegiatura estatal para los estudiantes indocumentados e intentado
detener la complicidad entre la policía y las autoridades migratorias.

En su intento por hacer frente a los constantes ataques por parte
de políticos xenófobos, grupos de odio y los intereses empresariales y
explotadores, el movimiento por los derechos de los inmigrantes ha
tenido que dividir sus esfuerzos y se ha puesto ahora a la defensiva.
El verdadero reto para los organizadores inmigrantes es desarrollar estrategias más proactivas que le permitan al movimiento incrementar

su poder e influencia, y que expongan la inhumanidad, el odio y la desigualdad de nuestras políticas migratorias actuales. Esta sección ofrece una variedad de estrategias clave empleadas por el movimiento por los derechos de los inmigrantes a través de los años. Sin embargo, estos ejemplos no representan de ninguna manera los enormes esfuerzos y estrategias organizativos que infinidad de organizaciones de base y sindicatos han utilizado a lo largo y ancho del país. Compartimos estas historias y estrategias con la intención de promover un diálogo más profundo dentro del movimiento por los derechos de los inmigrantes—un diálogo enfocado en la lucha a largo plazo, una lucha que está muy lejos de dar su último respiro.

Apartheid en Arizona
La Complicidad entre la Migra y la Justicia Penal

Rosalba Romero y César López

TIERRA Y LIBERTAD

Ubicada en Tucson, Arizona, apenas a unos cuarenta kilómetros al norte de la frontera entre Estados Unidos y México, y en una de las zonas con mayor presencia militar del país, Tierra y Libertad es una organización que ha estado trabajando con la comunidad para luchar contra las políticas antiinmigratorias. César López y Rosalba Romero compartieron sus experiencias organizativas con los editores de *¡Presente!* durante una entrevista telefónica.

¿Cómo se involucraron en el movimiento?

Rosalba: Empecé a ver las diferentes situaciones que atravesábamos como inmigrantes, la forma en que nos atacaban; incluso los medios, que nos consideraban tanto víctimas como criminales. Entonces descubrí a Tierra y Libertad. Ya estaba inmersa en varias organizaciones de Tucson en ese momento, y comencé a aprender sobre mis derechos en la escuela de mi hija. Aprendí sobre los recursos que existían en la comunidad y empecé a abrir los ojos. No era como mucha de esa gente que tiene miedo de caminar por la calle, así que comencé a salir y a aprender más, y a compartir información con los demás.

Cuando conocí a Tierra y Libertad, sabía que era algo único y especial. Me gustó la manera en que trabajaban para obtener autonomía. La idea detrás de Tierra y Libertad es crear una comunidad sustentable en términos de alimentación, familia, salud, economía y paz—en eso se basa nuestro trabajo. Y no sólo involucramos a un sector de la comunidad como los niños, los adultos o los inmigrantes, sino que también involucramos al resto de la comunidad. Queremos que la comunidad lidere su propia lucha para alcanzar su propio destino. Queremos ser un modelo de la forma en que un barrio puede defenderse cuando la gente trabaja unida.

Juntos hemos trabajado duro para unirnos contra la Ley SB1070 de Apoyo a las Autoridades y de Vecindarios Seguros, un proyecto de ley aprobado en Arizona que se convirtió en una de las leyes antiinmigratorias más estrictas en la historia de los Estados Unidos. Entre otras normas, la ley permitía que las autoridades locales detuvieran a cualquier persona que sospecharan fuera indocumentada. L@s afroamerican@s, latin@s y blanc@s se reunieron en nuestros barrios para participar de las grandes movilizaciones contra la Ley SB1070. Le enseñamos a la gente de nuestra comunidad a levantarse y a luchar por ellos mismos. Lo que buscamos es que nuestra comunidad pueda trabajar unida y que no espere del gobierno todas nuestras soluciones.

Algunas organizaciones solo dicen lo que piensan que la comunidad quiere oír. En mi opinión, creo que es importante que la comunidad entienda cuál es la realidad. Queremos ayudarlos con sus necesidades básicas, pero también queremos que lo hagan por sí mismos. Yo misma soy inmigrante, pero sé que no puedo hablar por los demás por diferentes razones. Tengo cierto poder como organizadora, y por ese motivo no puedo hablar por los demás, sobre lo que ellos deben querer. En Tierra y Libertad, nos reunimos en comités para tomar decisiones y nos capacitamos entre nosotros. Es un trabajo comunal, y así es como debe ser nuestra lucha para lograr un cambio verdadero.

Vine a este país hace once años, y en ese momento no quería hacerlo. Cuando me decían que aquí había más trabajo y que podía ganar más dinero, me parecía ilógico. Pensé que, bueno, si se gana más es porque todo ha de ser más caro. En México, a mitad de la década de los noventa, se desarrolló una grave crisis económica durante el gobierno del presidente Salinas de Gortari, quien dejó al país en muy malas condiciones. Yo quedé en bancarrota, al igual que mi esposo, y su negocio quedó destruido. Todo esto llevó a la decisión de venir a este país, pero no quería hacerlo realmente.

Los primeros años fueron horribles para mí. Caí en una depresión profunda y lloraba todos los días. Me sentía horrible. Este no era mi país, y me sentía muy mal. La gente nos decía que debíamos tener miedo. Otros inmigrantes nos decían que si salíamos de la casa, *la Migra* nos llevaría. En mi país me sentía libre. Era una profesional, coordinadora de un programa de guardería. Fue muy difícil para mí estar en este país enfrentando tantos desafíos y viviendo con tanto miedo todos los días.

test

No quería venir a este país, pero lo hice para apoyar a mi esposo. Sufrí muchas dificultades personales debido a ello y a mi trabajo comunitario. A mi esposo no le gustó en absoluto cuando le dije que Tierra y Libertad me había otorgado un certificado de organizadora. Él no quería que trabajara ni que hiciera nada. Entonces decidí no decirle nada para que no supiera lo que hacía, y continúe trabajando y realizando actividades de organización. Luego de seis meses, se dio cuenta de que estaba trabajando con Tierra y Libertad, lo cual desencadenó una lucha de poder interna en nuestra relación.**César López:** Yo nací aquí. Fui la primera persona de mi familia en ser ciudadano estadounidense. Nací en el auto, camino a Tucson, Arizona, desde Nogales, México. Crecí entre Nogales y Tucson. Estas ciudades solían estar muy conectadas cuando era niño.

Comencé a ver cómo se militarizaba cada vez más la frontera. Recuerdo cuando empezaron a construir el primer muro fronterizo. Ya no podías mirar al otro lado, y la comunidad bicultural entre Nogales y Tucson comenzó a desmoronarse. Antes del muro, podías cruzar la frontera en auto, en bicicleta o a pie. Podías cruzar la frontera para comprar pan, para visitar a tu amiga o novia; podías cruzar por cualquier razón y regresar rápidamente. Ahora todo eso se acabó. Hay retenes por todos lados, los cuales nos han hecho sentir como si viviéramos en una zona militarizada. También comenzamos a ver cómo la gente moría en los sistemas de drenaje cuando intentaban cruzar a los Estados Unidos. Esto empezó a suceder con mayor frecuencia en los noventa, cuando estaba en la preparatoria. Dado que muchos de mis primos eran de México, veía que tranquilamente podría haber sido yo uno de esos migrantes, sin trabajo, sin opciones ni futuro. La ciudad de Tucson es una ciudad muy militarizada, si no la más militarizada del país.

En la escuela no te enseñan mucho sobre los movimientos sociales; así que, por propia voluntad, comencé a pensar sobre cómo podría participar más para lograr un cambio y ayudar a la gente. Durante mi adolescencia, tomé conciencia de los movimientos comunitarios de base, como los sacerdotes de México y Tucson que formaban parte del Movimiento Santuario y que ayudaban a los migrantes a cruzar a los Estados Unidos. Aprendí sobre las guerras de Afganistán e Irak, y sobre las guerras civiles que tuvieron lugar en Centroamérica. Todo esto me ayudó a pensar en la forma en que las comunidades se organizaron aquí en los Estados Unidos durante la década de los sesenta y setenta, cuando formaban una masa crítica, y en la forma en que lucharon contra el gobierno.

Comencé a pensar junto con otros sobre lo que significaba organizarse, y todavía seguimos aprendiendo. También empezamos a realizar muchos eventos para activistas. Éramos latin@s, indígenas y afroamerican@s; personas de color que formábamos un colectivo. Dentro del colectivo, decidimos enfocarnos en cuestiones de salud. Pero veíamos a la salud con una perspectiva que abarcaba a todo el barrio y que buscaba la forma de solucionar los problemas de nuestra comunidad. Esto llevó a la formación de Tierra y Libertad hace siete años.

En nuestros comienzos, ocupamos un edificio sanitario del gobierno durante todo un día. El gobierno nos imputó por delito grave. Y aunque éramos muchos los activistas que habíamos participado, tanto activistas de color como aliad@s blanc@s, no teníamos el respaldo de la comunidad afectada. Allí nació Tierra y Libertad. Nos dijimos que aprenderíamos a organizarnos con la idea de promover una comunidad saludable.

Pienso que existe una diferencia entre activismo y organización. Mucha gente está involucrada en el activismo, pero queremos ir más allá de eso y organizarnos. Queremos organizarnos junto con la comunidad, y no solo brindar servicios o abogar por ella. Lo que queremos lograr es que la gente construya su capacidad de luchar por sí misma, y esto no es fácil ni algo que naturalmente sepamos hacer.

¿Cuál ha sido el impacto que han tenido las leyes antiinmigratorias de Arizona sobre su trabajo?

Rosalba & César: Ser inmigrante indocumentado es a veces una realidad difícil de sobrellevar. Nunca te sientes completamente seguro de salir y hacer las cosas más sencillas, como ir a la escuela con tus hijos o ir al supermercado.

Arizona es un laboratorio para las políticas basadas en el odio, un lugar donde se aplican las leyes más horribles y luego se exportan al resto del país. En 2004, nos organizamos contra las distintas leyes propuestas en la legislatura estatal de Arizona, como una ley que requería que los individuos dieran prueba de su ciudadanía antes de que pudieran registrarse para votar o inscribirse para recibir beneficios públicos. La propuesta, conocida como Proyecto de Ley 200, consideraba también un delito menor que los funcionarios públicos no reportaran a aquellas personas que solicitaban estos beneficios y que fueran incapaces de justificar su ciudadanía con documentación pertinente, y les permitía a los ciudadanos la posibilidad de demandar por resarcimiento a cualquier funcionario público que sospecharan que hubiera otorgado beneficios a personas indocumentadas. El Proyecto de Ley 200 forma parte de los hechos que condujeron a la implementación de la Ley SB1070, del Proyecto de Ley 300 (el cual les prohíbe recibir ayuda financiera estatal a los estudiantes universitarios que no puedan comprobar su residencia legal) y de la Ley de Sanciones a los Empleadores, lo que generó un clima y una cultura de odio hacia los inmigrantes en Arizona.

En 2004, los legisladores de derecha intentaron aglutinar todas estas propuestas en una sola ley con el Proyecto de Ley 200; y, a pesar de nuestros esfuerzos para vencer esa ley, perdimos con un 56% de los votos a favor de la propuesta. No obstante, tiempo después gran parte de la ley fue considerada inconstitucional y no fue implementada en su totalidad. Pero la aprobación de la ley dejó la puerta abierta para que los antiinmigrantes continúen ejerciendo presión por otras leyes. Ahora tenemos a Jan Brewer como gobernadora, y casi todos los jefes de gobierno en nuestro estado son antiinmigrantes. No nos quieren aquí, y tampoco ven lo que nosotros contribuimos al estado. Estos sentimientos antiinmigratorios se reflejan en el hecho de que los inmigrantes tienen miedo de salir de sus casas, en especial tras la aprobación de la Ley SB1070.

Luego de la aprobación de dicha ley, todos los días arrestaban a miembros de la comunidad y detenían a familias enteras por cualquier razón. La Ley SB1070 fue aprobada en 2010, pero en realidad se venía aplicando desde hacía tiempo. Pero ahora nos pueden arrestar abiertamente y violar nuestros derechos civiles sin miedo a repercusiones. De alguna manera, la Ley SB1070 también se ha implementado a nivel nacional, dado que durante los últimos años el gobierno federal (republicanos y demócratas) ha comenzado a criminalizar drásticamente a los inmigrantes. Después de años de luchar por los derechos de los inmigrantes, vemos cada vez menos licencias de conducir para indocumentados, más leyes para criminalizar a los jornaleros (quienes en su mayoría son inmigrantes) y más leyes para que nuestras vidas se vuelvan insoportables.

Durante la década de los noventa, muchos conservadores blancos de clase media vinieron a Arizona a jubilarse porque aquí está soleado y hace calor. Tienen sus segundas casas en Arizona y vienen a vivir aquí durante el invierno. Nosotros los llamamos "pájaros de nieve." Estas son personas que votan, así que ejercen una gran influencia sobre la política, aunque no sean nativos de Arizona. Si bien algunos de los jubilados que han venido aquí en realidad se unieron al movimiento por los derechos de los inmigrantes, por lo general han creado un ambiente en el cual la aprobación de leyes antiinmigratorias resulta posible.

Durante esos años, vimos la aprobación de programas federales como Operación Guardián (*Operation Gatekeeper*) y Operación Mantener la Línea (*Hold the Line*), que posibilitaron una mayor militarización de la frontera en Texas y California. Como resultado, comenzamos a ver a más gente cruzar la frontera a través de Arizona, y muchas más muertes en el desierto. Aquí en la frontera mueren alrededor de quinientas personas al año. Pero esa fue la idea del gobierno: hacerlos cruzar por Arizona, donde hace mucho más calor y es mucho más peligroso, ya que es más fácil dejar que la gente muera en el desierto que deportarlos. Arizona fue también uno de los primeros estados en prohibirles obtener licencias de conducir a los indocumentados y ha estado al frente en lo que respecta a su criminalización.

Llevó unos diez o quince años para que se militarizara la frontera en California y Texas, y para que se implementaran todas estas leyes. Ahora los migrantes tienen que cruzar por Arizona, un estado extremadamente conservador, derechista y antiinmigrante. La gente muere en el desierto durante su viaje a este país, y muchos cuerpos jamás se encuentran. Por lo tanto, parecería que no fuera tan importante que miles de personas hayan muerto. Esto es parte del "excepcionalismo" de los Estados Unidos, según el cual supuestamente no practicamos la tortura, y como país somos incapaces de cometer ningún mal.

Nosotros estamos en el condado de Pima, cerca del condado de Maricopa en Phoenix, atrapados entre la frontera y el condado de Maricopa. Estamos rodeados de retenes, y la gente siente que no puede moverse con libertad. También hay grupos paramilitares, que aparecieron en las noticias diciendo que se debía disparar y matar a los inmigrantes sin papeles. Todo esto creó una atmósfera de miedo y criminalización, a pesar del hecho de que la economía no puede funcionar sin inmigrantes. Hemos escuchado que muchos inmigrantes han dejado el estado debido a lo difícil que es vivir aquí. Todo esto es un experimento. En este estado hasta se puede elegir a alguien como el sheriff Joe Arpaio, uno de los sheriffs más racistas y peligrosos del país.

El caso de Phoenix es uno de los más serios de todo el estado. La situación que enfrentan los inmigrantes en Tucson no es tan mala, pero en Phoenix se ha vuelto una situación insoportable, en especial porque allí se encuentran el sheriff Joe Arpaio y la gobernadora Jan Brewer. En Phoenix, el gobierno discrimina a la gente según su raza.

La Ley SB1070 motivó al pueblo a luchar pero, al mismo tiempo, todavía nos estamos recuperando de la lucha. Ahora en Arizona (y en cualquier otra parte donde se aplique el programa Comunidades Seguras del Departamento de Seguridad Nacional) es común salir sólo a buscar a tus hijos y ser detenido y deportado. Es difícil para nosotros aquí, en

Tucson, porque si vas para el sur te topas con las patrullas fronterizas, ya que es un lugar extremadamente militarizado, y en el norte está el sheriff Joe Arpaio. Por lo tanto, una persona no puede sentirse libre aquí. Estamos obligados a permanecer en un área pequeña, y completamente rodeados.

Los electores en Tucson no apoyaron el Proyecto de Ley 200 contra la inmigración. Aquí casi no se vota a los republicanos. Pero aun así, hay muchas deportaciones, mucho miedo y muchos centros de detención para inmigrantes. Lo que ocurre aquí es que la patrulla fronteriza (o la policía) te detiene, te multa, te arresta, y luego viene *la Migra* a buscarte a la prisión privada donde te han detenido, a media hora de aquí; una prisión administrada por la Corporación Penitenciaria de los Estados Unidos. En una sola prisión tienen 3800 camas reservadas únicamente para inmigrantes indocumentados.

Hablaron de trabajar más allá de los parámetros de raza y etnia. ¿Podrían hablarnos un poco más sobre lo importante que esto ha sido para sus esfuerzos organizativos?

Rosalba: Cuando se aprobó la Ley SB1070, algun@s aliad@s blanc@s decidieron irse del estado. Estaban tan enojados que no querían estar en un lugar donde se repudiara tanto a la comunidad inmigrante. Otr@s activistas se han involucrado en el movimiento. Aquí tenemos un movimiento muy mezclado en términos de raza. Si tienes el privilegio de ser blanc@ o de haber nacido aquí, podrías preguntarte: "¿Cuál es mi papel en el movimiento?". Y he tenido que trabajar con nuestr@s aliad@s para ayudar a responder a ese interrogante.

Me interesa mucho trabajar con aliad@s blanc@; me interesa su punto de vista. Por ejemplo, tenía una amiga blanca que estaba muy involucrada en el movimiento, y me decía que se sentía culpable porque tenía privilegios que los demás no. Por aquel tiempo, yo no tenía documentos (ahora hace un año que tengo papeles, pero antes realicé todo mi activismo como indocumentada). Le dije que si nos dejábamos llevar por los sentimientos de culpa, nunca íbamos a ganar, porque teníamos que trabajar juntos. Le dije que necesitábamos ver la fuerza de cada uno y la forma en que cada uno se podía integrar al movimiento, que no debíamos estar divididos. Tenemos que ver lo que tenemos en común y, en base a eso, organizarnos.

Los inmigrantes en Arizona han enfrentado desafíos muy serios. ¿Cómo siguen adelante desde aquí y defienden a la comunidad?

Rosalba & César: Algo que siempre me ha disgustado es cuando la gente nos mira como si fuéramos criminales, y eso me enfurece. Otra cosa que me enfurece son los medios, o los líderes y voceros comunitarios que nos tratan como víctimas. Me siento horrible cuando la gente dice: "Ay, pobrecita, no tienes documentos. Tenemos que ayudarte". Cuando escucho algo así, me hierve la sangre. ¿Por qué? Porque no ven lo que estamos haciendo, lo que somos capaces de hacer. No es justo que nuestros supuestos líderes nos vean como víctimas. Creo que lo hacen solo para conseguir más fondos para sus organizaciones. Las familias se están defendiendo a sí mismas. Nos estamos organizando, y lo que necesitamos es que dejen de vernos como víctimas indefensas.

Necesitamos trabajar en la comunidad para organizarnos y construir una base. Las marchas que se han hecho en Phoenix contra la Ley SB1070 son importantes, pero es aún más importante para nosotr@s estar organizad@s en nuestras propias comunidades; no solo para ir a una marcha una vez al año, sino para poder defendernos todos los días y trabajar juntos para resolver nuestros propios problemas. Necesitamos nuestra autonomía para alcanzar la igualdad y la dignidad, y somos los únicos capaces de lograrlo por nosotros mismos. Esa es la lucha a largo plazo en la que estamos involucrados.

Tomando las Riendas de Nuestro Poder Colectivo
El Boicot Económico de 2006

Gloria Saucedo
La Hermandad Mexicana

Millones de personas participaron en las Mega Marchas de 2006. El trabajo de organizadores y activistas en Los Ángeles y Chicago inspiró a los inmigrantes indocumentados de todo el país a marchar por las calles. Además, los organizadores de Los Ángeles lideraron el llamado a una huelga nacional que instó a los inmigrantes indocumentados a no ir a trabajar ni comprar nada el Primero de Mayo de 2006. La historia de Gloria Saucedo documenta el importante papel que jugaron los organizadores y activistas en Los Ángeles, y el impacto que tuvieron a nivel nacional durante la primavera de 2006.

La organización de las marchas de 2006 en Los Ángeles comenzó a causa de los *Minutemen*. En 2005, algunos integrantes de La Hermandad Mexicana—una organización por los derechos de los inmigrantes con base en California, que sirve a miles de inmigrantes latin@s al

año—y yo empezamos a ir a la frontera de San Diego a confrontar
a los *Minutemen*. En aquel tiempo, iban a patrullar la frontera para
supuestamente intentar capturar a inmigrantes indocumentados. En
la frontera conocí a un grupo variado de personas, como Jesse Díaz
y Javier Rodríguez, quienes habían estado organizándose con las comunidades chicanas y de indocumentados desde hacía varias décadas.
Ambos tenían experiencia en la organización obrera y habían estado
involucrados en la organización de los trabajadores indocumentados,
algunas veces mediante boicots y huelgas laborales. Durante estas acciones contra los *Minutemen* comenzamos a organizarnos y a cono-
cernos. En Los Ángeles, trabajamos juntos para organizar a estudiantes
y a grupos de derechos humanos para defender los derechos de los inmigrantes cuando se propuso la Ley Sensenbrenner, una de las leyes
antiinmigratorias más severas en la historia de este país.[1] "Tenemos que
hacer algo. No podemos dejar que se apruebe esta ley", pensamos. De
modo que se nos ocurrió la idea de realizar una marcha masiva contra
el proyecto de ley el 25 de marzo.

Comenzamos a organizarnos para la marcha en enero de ese año.
Teníamos mucho que hacer. Javier Rodríguez, Jesse Díaz, Alicia Flores
de la Hermandad Mexicana del condado de Ventura y yo trabajamos
en equipo. Trabajamos con los medios para hacer pública la marcha.
Invitamos al público a participar en la marcha por medio del canal de
TV Univision de Los Ángeles. Incluso ofrecimos una conferencia de

---

1   El Proyecto de Ley HR4437 fue presentado por el congresista republicano Jim Sensenbren-
     ner. La ley fue aprobada por la Cámara de Representantes en 2005, y tenía como propósito
     incrementar drásticamente las multas y la criminalidad respecto de la inmigración indoc-
     umentada, e incluso considerar un crimen el brindar apoyo o ayuda a inmigrantes indocu-
     mentados. El proyecto de ley fue tan abarcador en su búsqueda por criminalizar a los inmi-
     grantes indocumentados y a sus defensores que causó gran indignación entre inmigrantes,
     proveedores de servicios sociales y la Iglesia católica, entre otros.

prensa. Pero sabíamos que todavía tendríamos que esforzarnos mucho más para hacer correr la voz. Luego de la conferencia de prensa, Jesse, Javier, Alicia y yo decidimos hablar con el DJ de radio Piolín.[2] Así que los cuatro fuimos a buscar a su productor y le contamos sobre la Ley Sensenbrenner, lo perjudicial que era para la comunidad y cómo afectaría a los inmigrantes indocumentados. Al final, nos dijo que vería la posibilidad de brindarnos tiempo de aire para publicitar la marcha.

Ese mismo día, el 10 de marzo, y a solo quince días de la marcha, nos enteramos de que había una gran marcha en Chicago. Nos motivó mucho ver que habían asistido más de 100.000 personas. Entonces recibí una llamada del productor de Piolín, quien me dijo que iban a apoyarnos y que teníamos que estar en la estación de radio en una hora para emitir el anuncio.

Fuimos a la estación de radio e invitamos al público a que nos acompañara en la marcha. Cuando llegamos pensé: "Ahora tenemos que difundir la marcha en todas las estaciones de radio para que nos ayuden a llegar a la mayor cantidad de gente posible". Esa noche fui a una cena con todos los productores de radio y DJ's de Los Ángeles: Piolín, El Cucuy y El Mandril estaban ahí. Se decidió que todos los DJ's apoyarían la marcha planeada para el 25 de marzo, y todos acordaron que tenían que movilizar a la comunidad. Los DJ's transmitieron sus propios anuncios, y algunos coordinaron los anuncios entre ellos. De esta manera, los DJ's jugaron un papel muy importante en movilizar a la comunidad.

---

2   "Piolín", también conocido como Eddie Sotelo, es uno de los DJ's de habla hispana más populares de la nación. Su programa de radio "Piolín por la Mañana" se transmite en más de cien estaciones de radio de todo el país. Piolín, al igual que muchos migrantes, llegó a los Estados Unidos como inmigrante indocumentado. En 2006, alentó a sus oyentes a participar en las Mega Marchas y, en 2007, lideró una caravana que recorrió todo el país en un intento por juntar un millón de peticiones para exigir que el Congreso aprobara una reforma migratoria integral.

Una vez que se corrió la voz sobre la marcha, con toda esa agitación en las ondas de radio, nuestro trabajo de organización se hizo
más fácil. El mensaje llegó a toda la comunidad, y comenzamos a realizar reuniones y a volvernos más activos mediante la implementación
de tácticas de base. La comunidad estaba muy animada. Salía de mi
casa a las 6 a. m. y no regresaba hasta las 11 p. m. No teníamos dinero,
ni siquiera para pagar por nuestros afiches. Pero había un hombre que
estaba realizando tareas organizativas con nosotros que era dueño de
una imprenta. Nos dijo que no importaba si teníamos dinero o no, que
él nos ayudaría. Nos dio crédito y no nos cobró demasiado por hacer
miles de afiches para la mega marcha. Este hombre se había beneficia-
do con la amnistía de 1986 y pudo regularizar su estatus migratorio a
pesar de no haber participado en la lucha del movimiento a favor de la
amnistía. Por lo tanto, sentía la necesidad de brindarnos su apoyo, tanto a nosotros como a otros inmigrantes indocumentados, y nos contó
que gracias a nosotros se había enterado de que otras personas habían
luchado para que él pudiera obtener su documentación legal. Pudo ver
lo difícil que era para nosotros obtener amnistía para otra gente, de
modo que nos brindó su apoyo para ayudar a su comunidad. Y fue por
medio de personas como él que pudimos llegar a una mayor cantidad
de gente, promoviendo la acción y pegando afiches en supermercados
y otros lugares visibles de la comunidad.

Al principio, solo había unos pocos grupos que realizaban actividades para la marcha, pero luego muchos otros grupos e iglesias
comenzaron a asistir a las reuniones y ayudar a movilizar a la comunidad. Fue interesante ver a l@s viej@s estudiantes de la Hermandad Mexicana, aquell@s que tenían cincuenta o sesenta años, l@s verdaderos

veteran@s del movimiento, ayudar a organizar la marcha junto con personas muy jóvenes. La edad no importaba; todos estaban unidos.

Se suponía que la marcha empezaría a las 10 a. m. Llegué a las 8 a. m. esperando encontrar sólo a algunos organizadores, pero ya se veía gente llegar de todas partes. Estaba tan contenta y orgullosa de nuestro trabajo y de la comunidad. Habíamos planeado traer a doscientos mariachis para que tocaran durante la marcha, pero había tanta gente que no pudieron hacerlo: no se podía escuchar a ninguno de ellos. Habíamos impreso camisetas para regalarles a los participantes, pero había asistido tanta gente que no teníamos suficientes. Vino gente de San Francisco y de todas partes de California. Recuerdo que el Sindicato Internacional de Empleados de Servicios nos había preguntado sobre la cantidad de personas que esperábamos que asistieran a la marcha. Les había dicho que un millón y, aunque algunas personas creyeron que era imposible, eso es exactamente lo que sucedió. Marchamos casi cuatro kilómetros, desde Olympic Blvd. hasta el Concejo de la Ciudad, con cientos de miles de personas detrás de nosotros. Incluso marchamos por la autopista. Se sentía como si nada pudiera detenernos. A pesar de contar con el apoyo de tanta gente, muchos políticos, incluido el alcalde, aún no nos apoyaban; pero eso no importaba. Era una marcha de la gente, y no de un grupo o partido político. Fue la gente quien generó la marcha y quien por sí sola decidió actuar.

Durante la marcha del 25 de marzo, a Jesse, Javier, Alicia y a mí se nos ocurrió la idea de hacer un boicot para el Primero de Mayo. Vimos que la comunidad estaba lista para defenderse por sí misma. De modo que allí, delante de todos, anunciamos el boicot y la mega marcha para el Primero de Mayo, la cual empezaría a las 10 a. m. Como grupo, decidimos realizar el boicot por la reforma migratoria, y queríamos que fuera el Primero de Mayo, el Día Internacional de los Trabajadores, para honrar a toda la gente de nuestra comunidad, a millones de personas sin documentos, que trabajan día a día en los empleos más difíciles. Queríamos que los negocios fueran testigos del poder económico del trabajador indocumentado.

Durante la organización para el gran boicot surgieron divisiones y se formaron dos grupos. Estaba la Coalición 25 de Marzo, que habíamos creado, y otra coalición que se formó en torno a la Iglesia católica y a otros grupos que decidieron realizar una marcha la tarde del Primero de Mayo. Estos se oponían al boicot porque pensaban que la gente debía estar trabajando durante el día. Lanzaron comerciales televisivos contra el boicot, pidiéndole a la comunidad que no participara. Los sindicatos tampoco pudieron apoyar la huelga porque, según sus contratos, era ilegal hacerlo. Nunca entendí por qué la Iglesia católica se opuso a la huelga, y todavía no logro hacerlo. Yo soy católica, pero me enseñaron a ser una católica rebelde, a mirar las injusticias y a luchar para eliminarlas. Fui a una escuela de monjas, quienes nos enseñaron a ser respetuosas y a luchar por los pobres. Y son l@s inmigrantes y mexican@s, nuestra gente, quienes van a la iglesia y llenan los bancos, quienes colaboran financieramente con la Iglesia. Creo que también podemos enseñarle a nuestra gente a que juntos alcen la voz contra toda injusticia en este país. No entiendo por qué la Iglesia no se levanta contra la injusticia.

Una de mis amigas, que trabaja como coordinadora de programas en una iglesia católica de Los Ángeles, era miembro fiel y habló con su sacerdote y le pidió que alquilara camiones para llevar a los fieles a la huelga y al boicot el Primero de Mayo. Aunque los altos oficiales de la iglesia estuvieran en contra de la huelga, los fieles no lo estaban—y le pedían a la iglesia que alquilara autobuses para ir a la marcha. Esto también ocurrió con los sindicatos.[3]

Si caminabas por Los Ángeles durante el Primero de Mayo de 2006, habrías notado que la gente no compraba ni siquiera agua. Las tiendas estaban cerradas. Algunos lugares estaban abiertos, pero la gente no entraba siquiera a comprar absolutamente nada. Creo que la huelga general y el boicot fueron un éxito porque logramos llevar nuestro mensaje a una masa de gente. La prensa dijo que casi medio millón de personas habían participado en la marcha, aun con todas las divisiones. Y nuestro llamado al boicot y a la huelga se diseminó rápidamente por todo el país. Durante el Primero de Mayo, la gente marchó y no fue a trabajar en muchísimas ciudades de los Estados Unidos. Esto demostró que nuestra gente está lista para salir a las calles. Lamentablemente, ya no contamos con los recursos económicos para hacer pública nuestra voz como lo hicimos en 2006.

---

3   Si bien las instituciones como la Iglesia católica, la Federación Estadounidense del Trabajo y Congreso de Organizaciones Industriales, y algunas organizaciones nacionales latinas y a favor de los derechos de los inmigrantes no apoyaron el boicot, la medida en que se opusieron al boicot y a la huelga varió a lo largo del país. En Los Ángeles, la Iglesia católica publicó anuncios en oposición directa al boicot. En Austin, Texas, las iglesias locales evitaron tomar partido sobre el boicot y continuaron alentando a sus fieles a participar en las actividades. Al final, las divisiones nacionales no pudieron detener la fuerza del boicot y el deseo de los inmigrantes indocumentados de participar en todas partes. En Austin, se estimó que el 80% de los restaurantes y sitios de construcción de la ciudad cerraron sus puertas el Primero de Mayo de 2006.

En 2006, logramos que la gente saliera a la calle, independiente-
mente de cualquier organización. Las jerarquías de los sindicatos y de la
iglesia no pudieron controlar al movimiento. Tal vez porque no podían
o porque se sentían inseguros, preocupados por perder poder; y quizás
sea esta la razón por la que no se unieron al movimiento de masas.

Como organizadores, vimos que nuestra gente estaba lista para el
llamado a la acción. Las marchas de 2006 nos demostraron que tenemos que continuar luchando día a día hasta que la gente esté lista para
levantarse con mayor determinación. Tenemos que tomar las experiencias del pasado, como las marchas de 2006, y aprender de nuestros er-
rores y de nuestros aciertos.

En las últimas marchas ha habido una menor participación porque
nuestras organizaciones carecen de fondos y la prensa ya no nos apoya,
y también debido a las represalias que hemos sufrido por parte de la
policía de Los Ángeles durante nuestras marchas.[4] Otra de las razones
es que la gente piensa: "Hemos marchado y marchado, pero aún no
tenemos nada". Estas son algunas de las excusas que he escuchado. Los
medios dicen que su trabajo es entretener a la gente y hacerla feliz, y no
discutir abiertamente sobre política. Creo que los productores y DJ's
que nos brindaron apoyo en 2006 recibieron amenazas de despido si
continuaban apoyándonos en nuestras actividades.

Me inspiré a tomar acción por mi comunidad al luchar para obtener una
reforma migratoria. Como organizadores inmigrantes, estamos a favor

4   Durante el Primero de Mayo de 2007 en Los Ángeles, la policía disparó balas de goma
       contra una marcha pacífica y permitida. La Ciudad de Los Ángeles pagó $13 millones de
       dólares para conciliar las demandas contra el Departamento de Policía por el uso excesivo
       de la fuerza.

de una reforma migratoria. Hemos hecho público nuestro mensaje y apoyado a nuestra comunidad, y hemos realizado marchas y boicots que expresan los deseos de la gente. Aun así, todavía tenemos políticos de origen hispano y mexicano que podrían mostrarse más activos en ayudarnos a alcanzar la reforma migratoria. Nos hacen falta verdaderos líderes políticos. Los políticos deben saber que nuestra comunidad los está observando, que los vamos a apoyar y que deberían representar el descontento de la gente respecto de la reforma migratoria tomando medidas firmes. Ahora hay mucho miedo en la comunidad a causa de las deportaciones, y parecería como si aquellos en el poder tuvieran vía libre para dividir a las familias.

Luego de 2006, el Partido Demócrata obtuvo la victoria en varias elecciones. Muchos de los victoriosos eran de origen hispano—representantes del Congreso y senadores con mucho poder. No puedo entender por qué no se muestran más activos y adoptan mayores medidas para defender a su pueblo. Luchamos contra un enemigo poderoso que sabe que perderá el control del Congreso si l@s latin@s obtienen un mayor poder político. No están acostumbrados a ver mujeres y hombres de origen hispano en el poder. El status quo nos ve como una gran amenaza. Y no quieren otra reforma migratoria como la de 1986, porque aunque solo les permitió a dos millones de personas legalizar su estatus migratorio, muchos de sus hijos obtuvieron poder político a nivel estatal, local y federal. El partido gobernante en el Congreso cree que a la larga perderá el control si muchos más latin@s obtienen el derecho al voto.

Es muy importante que los inmigrantes indocumentados se levanten por sí mismos, pero también es importante que cuenten con una infraestructura política a través de la cual puedan satisfacer sus demandas. Por ejemplo, yo me he dedicado al movimiento debido a cierto espíritu con el que nací. Cuando estaba en la escuela, me enseñaron a luchar por los más débiles, a respetar y a ayudar a los más desprotegidos. Entonces, cuando llegué a este país comencé a organizarme como voluntaria con la Hermandad Mexicana. Hoy, soy fundadora y directora de la Hermandad Mexicana Transnacional, la próxima generación de la organización que trabaja en México y en los Estados Unidos. Con el tiempo aprendí que me gustaba realizar tareas organizativas, ayudar a la gente a conocer sus derechos y ayudarlos a tomar clases para aprender a leer y escribir, a fin de que pudieran obtener amnistía. Aprendí muchas cosas, pero sobre todo aprendí a luchar por nuestros derechos como inmigrantes. Trabajamos sobre las problemáticas de la educación para adultos y realizamos viajes a Sacramento para ejercer presión por nuestras exigencias. Tiempo después, trabajamos para obtener la reunificación familiar y para que la gente que había recibido amnistía pudiera obtener los papeles para sus hijos menores de doce años y para que se les permitiera permanecer en el país. Todo esto lo logramos organizándonos, enviando cartas, hablando con la comunidad y haciendo visitas a Sacramento y Washington D.C. En aquel tiempo, estaba a cargo de organizar a los estudiantes de mi clase de escritura en español para ir a Washington D.C. porque la Hermandad Mexicana estaba intentando obtener la aprobación de leyes que beneficiarían a los indocumentados. Utilicé todo el conocimiento y la experiencia que había acumulado en la lucha desde 1986 y lo volqué en nuestro trabajo organizativo durante 2006.

Hoy creo que los miembros más organizados de nuestro movimiento son los estudiantes, los DREAMers. Tenemos a mucha gente indocumentada con estudios universitarios trabajando con nosotros. Concientizar a estos estudiantes y profesionales ha sido un desafío diferente, pero los años de sufrimiento que la comunidad ha soportado colectivamente han sido una gran fuente de aprendizaje: nos ha hecho conscientes de la necesidad de organizarnos y luchar. Todo esto requiere de tanto tiempo, desesperación y frustración, pero es parte del proceso organizativo. Cuando esos doce millones de personas obtengan su estatus legal, estarán listos para luchar por ellos mismos y para poder construir una sociedad mejor de la que tenemos ahora.

Como movimiento, debemos seguir adelante. Tenemos que luchar juntos por el mismo objetivo. Cuando marcho con los jóvenes, no puedo mantener el ritmo porque caminan muy rápido. Todos vamos a caminar a nuestro propio paso, pero debemos hacerlo hacia el mismo objetivo: hacia una reforma migratoria que proteja los derechos de tod@s.

De la Fábrica a los Barrios

Viola Casares y Petra Mata

Fuerza Unida

"Entre individuos, como entre las naciones, el respeto al derecho aje-no es la paz". —*Benito Juárez*

Esta célebre declaración del primer presidente indígena de México es un testamento al verdadero valor de los derechos humanos y el respeto para todos. Es también un testamento al espíritu de Fuerza Unida, una organización de membresía del South Side de San Antonio, Texas, que empodera a las mujeres trabajadoras y a sus familias para poder obtener justicia social, económica y medioambiental. Fundada en 1990 en respuesta al cierre de una fábrica de Levi Strauss en San Antonio, Fuerza Unida ha estado involucrada en diferentes luchas sociales a lo largo de las últimas dos décadas, trabajando en cuestiones de empoderamiento de la mujer en sus luchas por la autosuficiencia, la igualdad de género y los derechos laborales, la inmigración, la justicia medioambiental y la educación de salud en la comunidad latina.

Nosotras fuimos dos de las primeras trabajadoras despedidas cuando Levi's cerró su fábrica en San Antonio el 15 de enero de 1990. Éramos dos de las otras 1150 empleadas despedidas sin previo aviso, quienes quedamos sin trabajo y con un paquete de indemnización injusto. La decisión de Levi's de cerrar la planta y transferir la producción al extranjero llegó tan solo unos años después de que se aprobara el Tratado de Libre Comercio de América del Norte, bajo el cual miles de trabajadores estadounidenses de fábricas textiles y de manufactura perdieron su trabajo. Levi's quería transferir la producción a Costa Rica, donde les pagarían a otras mujeres latinas apenas unos $1.08 dólares la hora. Nuestra historia trata sobre cómo nos hemos organizado en respuesta a la globalización que ha hecho desechables a las mujeres de color como nosotras.

Cuando trabajábamos en la fábrica manteníamos los ojos cerrados. No sabíamos mucho de política ni sobre cómo organizarnos. Pero cuando la planta cerró, comenzamos a organizarnos junto con otras mujeres de la fábrica y nuestr@s aliad@s para exigir una compensación justa de Levi's y mejores condiciones para las trabajadoras en otras fábricas de costura del país.

FUERZA UNIDA: LOS PRIMEROS AÑOS

Trabajamos juntas en Levi's durante más de veinte años. Las trabajadoras de la planta eran, en su mayoría, mujeres latinas e inmigrantes. Algunas habían estado ahí por más tiempo. Al principio, todo estaba bien; hasta podría decirse que estábamos "felices". Ganábamos un salario decente y estábamos agradecidas de tener un empleo. Aprendimos mucho trabajando en la planta, pero también trabajábamos muchas horas, día y noche. A veces, éramos las primeras en llegar y las últimas en salir.

Levi's nos había lavado el cerebro; nos decían que éramos una "familia". Los gerentes a veces nos daban café y donas en el descanso como recompensa por alcanzar las cuotas de producción, pero no teníamos tiempo suficiente para comer ni beber. Levi's pagaba por pieza, así que para ganar más dinero teníamos que producir más. La gerencia presionaba mucho a las trabajadoras para producir más, y a muchas de nosotras, en especial a las más viejas, se nos hacía muy difícil mantener el ritmo.

Cuando cerraron la planta, producíamos $70 millones de dólares anuales en pantalones Dockers y Office Corp. Cuando añadieron chaquetas y pantalones Dockers a nuestra carga de trabajo, ni siquiera habían actualizado la maquinaria. Debido al incremento de trabajo y al equipo inadecuado, teníamos que pasar más horas en la fábrica por la misma paga por pieza. Trabajábamos día y noche, y no podíamos con el ritmo de producción. Muchas mujeres se lastimaban en el trabajo. De hecho, una de las razones por la cual Levi's cerró la planta en San Antonio fue porque muchas trabajadoras sufrieron lesiones, tales como el síndrome del túnel carpiano, a causa de todas las horas de trabajo repetitivo como operarias de maquinaria.

Pero en ese entonces vivíamos para la compañía. Era un honor recibir lo poco que nos daban. Jamás escuchamos a ningún trabajador decir: "Tienes una voz, y puedes decir que esto o aquello no está bien". No sabíamos nada sobre los derechos de los trabajadores. Fue el cierre de la planta lo que nos impulsó a organizarnos. Fuerza Unida comenzó ese mismo día.

Cuando la gerencia anunció que cerrarían la planta, las trabajadoras dejamos nuestros puestos de trabajo juntas, en oposición a dicha decisión. Nos reunimos con el Sindicato de Trabajadores del Suroeste (SWU, por sus siglas en inglés), una organización de trabajadores y familias de bajos recursos de San Antonio que estaba realizando piquetes afuera de la planta por nosotras. Nos alentaron a que nos organizáramos y nos educaron con respecto a nuestros derechos. Recibimos mucho apoyo a nivel local y nacional por parte de sindicatos y otras organizaciones comunitarias.

Tras el cierre de la planta, realizamos nuestra primera reunión en una iglesia de San Antonio. Esa noche se presentaron diecisiete trabajadoras de la fábrica. Juntas, escogimos el nombre Fuerza Unida y acordamos reunirnos todas las semanas para preparar una respuesta para Levi's. Desde entonces, nuestra organización creció rápidamente hasta alcanzar los seiscientos miembros, casi la mitad de la planta.

Los primeros años fueron emocionantes, aunque difíciles. Las actividades organizativas eran algo nuevo para nosotras, y no sabíamos cómo armar una protesta ni cómo hablar en público. Entre 1985 y 1990, Levi's cerró veintiséis plantas en los Estados Unidos, incluidas tres en San Antonio. Sin embargo, fuimos las primeras trabajadoras en responder y luchar. Exigimos que la compañía les pagara a las trabajadoras lo que les correspondía, incluida su pensión. Queríamos que Levi's compensara a todas los trabajadoras que se habían lesionado en la fábrica—y también queríamos que nos devolvieran nuestros trabajos.

Lanzamos un boicot contra Levi's e hicimos piquetes fuera de las fábricas que seguían abiertas, y también en centros comerciales. Incluso llevamos la lucha a las oficinas corporativas de Levi's en San Francisco. Durante más de un año, y con la ayuda del SWU, realizamos protestas afuera de sus oficinas corporativas a la vez que manteníamos la presión en San Antonio.

Nuestra campaña contra Levi's sirvió de ejemplo para otras trabajadoras que enfrentaban el cierre de plantas en todo el país. Cuando comenzamos, la mayoría éramos inmigrantes mexicanas con poca educación y no sabíamos hablar bien inglés. Nuestra historia les enseñó a otras mujeres que ellas también podían luchar y organizarse. Trabajamos con mujeres de otras fábricas, de San Antonio a San Francisco. Gracias a nuestra lucha, Levi's implementó paquetes de indemnización más generosos para aquellas trabajadoras de las otras plantas que cerraron sus puertas luego de la nuestra.

Ahora Levi's ha desaparecido. Trasladaron la planta de la calle Zarzamora, en Austin, a Costa Rica y después cerraron el resto de sus plantas en los Estados Unidos. Luego de años de protestas, no recibimos todo lo que exigíamos, pero sí recibimos una educación, una experiencia y una capacitación al formar parte de un movimiento social, a raíz de todo el trabajo que tomó construir Fuerza Unida. Esa ha sido la mejor recompensa que hemos recibido. Fuerza Unida ha sido como una escuela para nosotras. Empezamos como en un jardín de infantes y aún no nos hemos recibido. No estamos del todo satisfechas, porque queda mucho por aprender. La educación política es crucial para nosotras. Siempre nos estamos preguntando: "¿Qué ocurre en nuestra comunidad? ¿Cómo podemos involucrarnos? ¿Cómo podemos organizarnos? ¿Hacia dónde vamos ahora?".

Después de veinte años, Fuerza Unida sigue aquí, luchando y organizándose. Buscamos alternativas, y ayudamos a crear trabajos dignos que respondan a las necesidades de nuestra comunidad. Fuerza Unida surgió por necesidad, y ha sido y continuará siendo una organización para la comunidad, para la gente de bajos recursos, para los inmigrantes y para la gente que quiera lograr un cambio.

MÁS ALLÁ DE LEVI'S

A fines de la década de los noventa, tuvimos una reunión en donde decidimos expandir nuestra influencia y organizar a todas las trabajadoras, fueran de la planta de Levi's o no. También comenzamos a trabajar en problemáticas que iban más allá del lugar de trabajo y que respondían a diferentes necesidades de nuestra comunidad. Ahora también realizamos campañas para fomentar el voto (*get out the vote*). Tenemos información para aquell@s interesad@s en obtener su ciudadanía, y realizamos talleres para víctimas sobrevivientes de violencia doméstica y sobre inmigración. Brindamos servicios sociales relacionados con la salud, y también tenemos una despensa y nos organizamos con la juventud de San Antonio. Estas iniciativas han surgido de las reuniones mensuales que realizamos, donde varios miembros de la comunidad se acercan a hablar sobre los problemas y necesidades que enfrentan.

La solidaridad con grupos dentro y fuera de Los Estados Unidos ha sido esencial para nuestra lucha. No podríamos realizar nuestro trabajo solas. Tenemos que vincularnos para apoyarnos y aprender mutuamente del trabajo del otro. Hemos llevado nuestro mensaje con nosotras en nuestros viajes a Nuevo México, California y Washington para que otros grupos escuchen nuestra historia. De esta manera, combatimos los retos del neoliberalismo, construyendo poder junto con grupos de todo el país, con trabajadores como nosotras.

Hace algunos años, nos reunimos con miembros de una cooperativa de costureras de México en un evento de Comercio Justo (*Fair
Trade*) en Austin. Aprendimos sobre sus necesidades, sus luchas; y ellas
aprendieron de las nuestras. Inspiradas por su trabajo, formamos nuestro propio colectivo de costureras con ex trabajadoras de Levi's y otras
mujeres de la comunidad. Hacemos tops pijamas, bolsas recicladas, al-
teraciones, bufandas y camisetas—y pronto haremos blue jeans. Al formar parte del colectivo de costura, tenemos mucho más control sobre
nuestro trabajo. Pero fabricar productos no es lo único que hacemos.
Mientras trabajamos, hablamos de política, de lo que afecta a nuestra
comunidad, y ello se vuelve un espacio para organizarnos.

El colectivo de costureras nos ayuda a brindar empleos y a juntar
los fondos necesarios para Fuerza Unida. Pero la organización también
se sustenta por medio de nuestra membresía. Los miembros pagan una
cuota anual y a cambio reciben talleres educativos, acceso a nuestra
despensa, y voz y voto en la orientación de la misión y los programas de
la organización. Este modelo de organización, similar al de un sindicato, se basa en el compromiso de sus miembros, a quienes se les garan-
tiza el derecho a formar el futuro de la organización. Estamos todas
juntas en esto. Todas luchamos por la misma visión.

LAS CONDICIONES ACTUALES Y LAS LUCHAS PARA EL FUTURO

Hemos dedicado más de veinte años de nuestras vidas a la justicia social, económica y medioambiental, y al surgimiento de otros líderes
comunitarios en la ciudad de San Antonio, particularmente entre familias inmigrantes. Ahora, al igual que en nuestros comienzos, enfrentamos muchos desafíos.

Uno de ellos es crear nuevos líderes en la comunidad inmigrante. No cualquiera puede ser un líder. Es un papel difícil, en especial ser un líder honesto. Puedes ser corrupto, y buscar satisfacer únicamente tus necesidades personales. Pero un verdadero líder está allí para su comunidad. Se desarrollan por necesidad, y al final del proceso sobresalen. Las integrantes de Fuerza Unida que se han sumado a la junta directiva están allí porque se han dedicado a la organización. Han sido miembros por mucho tiempo y entienden la importancia del desarrollo organizacional, del desarrollo del liderazgo y de la lucha de Fuerza Unida. No se es líder simplemente por querer serlo. Tienes que sentirlo. Tienes que pensar en lo que significa y ponerlo en práctica para cambiar uno mismo y a la comunidad.

La discriminación de género también es un gran obstáculo en el camino para poder brindarle una voz a la comunidad inmigrante latina. Como mujeres, sufrimos la discriminación no solo en el trabajo, sino también en casa. Nuestros esposos nos han dicho: "Tú quédate en casa a cuidar a mis hijos, prepárales de comer y prepárame de comer a mí. Tu trabajo no es estar afuera organizándote". Tratamos de hacer hincapié en esto durante nuestras charlas con los miembros de la comunidad. Los hombres piensan que las mujeres no tienen los mismos derechos, que no deberían salir a las calles, que no deberían expresar sus opiniones. Y esta discriminación de género no se limita a nuestros esposos y hermanos. También viene de aquellos en posiciones de poder. Otros líderes inmigrantes nos han hecho sentir como si no tuviéramos la educación para ser líderes y voceras de nuestras comunidades. Pero aquí en Fuerza Unida hemos demostrado que podemos ser líderes como mujeres, como inmigrantes. A pesar de nuestra falta de educación formal y del hecho de que nunca antes nos habíamos organizado, pudimos crear un nuevo camino. Tal vez sean cambios pequeños, pero fuimos nosotras quienes los logramos.

Por supuesto, uno de nuestros retos más importantes es que no se apruebe la reforma migratoria. Nuestra comunidad necesita permiso para trabajar. Creemos que tod@s deberían desempeñarse en un lugar de trabajo justo donde sean tratados con respeto y puedan mantener a sus familias. Queremos que nuestras integrantes tengan la oportunidad de ser ciudadanas o residentes legales para que puedan defenderse ellas mismas con mayor facilidad. Una vez que eres ciudadana, ya puedes registrarte para votar. Puedes tener una voz más fuerte en el proceso político. No obstante, parece que el proceso para obtener la ciudadanía se ha vuelto aún más difícil. Los políticos lo han hecho más difícil, y temen que la gente se organice por un cambio. Por lo tanto, imponen muchísimos obstáculos. Pero eso no significa que no vayamos a seguir adelante.

Los medios hablan de l@s latin@s como si se tratara de una minoría, pero las cosas están cambiando. Imagina qué diferente sería todo si pudiéramos votar. ¿Qué pasaría si doce millones o más de indocumentad@s pudieran votar? Dicen que no tenemos derechos porque somos inmigrantes, pero esta tierra es nuestra. Esta tierra solía pertenecer a México. "No cruzamos la frontera, la frontera nos cruzó a nosotros", como dice el dicho. Nuestra lucha lleva más de quinientos años en el continente americano, por lo tanto estamos list@s para seguir luchando.

Aun si lográramos obtener la legalización, tenemos que continuar con la lucha. Tenemos que seguir adelante para reforzar nuestro movimiento. Aquellos en el poder nunca dejarán de planear la forma de destruirnos como inmigrantes, como indígenas, como pobres, como gente que valora los derechos humanos. Es una lucha constante, porque los poderosos siempre querrán más poder, y eso implica doblegar a los de abajo. De modo que no podemos darnos por vencidos, no podemos bajar la guardia.

Esa es la razón por la que no luchamos por obtener la ciudadanía solamente; también ayudamos a hacer de nuestros miembros líderes comunitarios. Tenemos talleres, reuniones de membresía y eventos culturales. Alcanzar nuestra visión de justicia y derechos humanos requiere de un trabajo constante. Tenemos que continuar la lucha si queremos vivir en paz y solidaridad. Es importante tener el derecho al voto, pero no es la única manera de involucrarse en las luchas sociales, políticas, económicas y medioambientales. La lucha es una forma de ser hasta que obtengamos justicia, hasta que alcancemos la paz, hasta que dejen de violarse los derechos de tod@s.

Huelga de Hambre por un Sueño
Los Jóvenes Indocumentados Intensifican la Lucha

Pamela Reséndiz

Para mi madre y para todas las madres que dejaron de lado sus sueños para que sus hijos pudieran alcanzar los suyos.

Viví en las sombras durante doce años. Ser quien era, una indocumentada, era un tema innombrable. Mi odisea en este país comenzó cuando tenía nueve años, el 26 de julio de 1998, junto con mi madre, mi padre y mi hermana mayor. Llegué a los Estados Unidos luego de haber terminado tercer grado. Durante más de una década, escondí mi estatus migratorio de mis amigos, de mi comunidad y de mis maestros. Rompí mi silencio ante el mundo cuando cumplí veintidós años y comencé una huelga de hambre junto con otros dos estudiantes para pedirle a la senadora Kay Bailey Hutchison que apoyara la Ley DREAM.[1]

---

1   La Ley DREAM (Ley de Fomento para el Progreso, Alivio y Educación para Menores Extranjeros) es una propuesta legislativa que les brindaría a aquellos jóvenes indocumentados que cumplieran con ciertos requisitos una vía de acceso a la ciudadanía mediante la obtención de un título universitario o el cumplimiento de dos años de servicio militar. A pesar de ciertos cuestionamientos con respecto al contenido militar de la ley por parte de facciones progresistas, creo que deberíamos apoyar la ley en su forma actual. He conocido

Soy nativa de la Ciudad de México, pero al igual que el resto de los 2.1 millones de DREAMers (jóvenes indocumentados) que viven en los Estados Unidos, a este país lo considero mi hogar. Mi historia es una de tantas. Mi familia y yo cruzamos la frontera durante la noche, en un autobús de primera clase y con una visa de turista cuatro años después de que el Tratado de Libre Comercio de América del Norte devastara la economía mexicana. Mi familia llegó a los Estados Unidos luego de intentar por todos los medios quedarse en nuestro lugar de origen, incluso hasta cuando se hizo difícil pagar las cuentas. Mis padres se dieron cuenta de que quedarse en México ya no era una opción.

Desde que estaba en primer grado supe que mi familia y yo no podríamos quedarnos en México, y que mudarme a los Estados Unidos era parte de mi futuro. A mi padre lo acababan de despedir de Banamex, uno de los bancos más grandes de México. Era 1995 y el peso mexicano, al igual que la economía, se hundía cada vez más. Mi madre y mi padre discutían sobre mudarnos a los Estados Unidos, pero ella, pensando en mí, dijo que no nos mudaríamos hasta que aprendiera a hablar español. Sabía que mudarnos a los Estados Unidos representaría largas horas de trabajo en empleos ocasionales para ambos, y que no podrían pasar tanto tiempo con mi hermana y conmigo. Mi madre quería que dominara el español, mi lengua materna, porque comprendía la importancia de estar en contacto con mis raíces—y eso implicaba comprender, escribir y leer en español.

Luego de murmullos y conversaciones a puerta cerrada, mi padre

a muchos DREAMers militares que quieren servir a este país, y creo que es importante que ellos tengan la misma oportunidad de legalizar su situación que un estudiante indocumentado. Si bien estoy en contra de la guerra, no quiero quitarle a ningún DREAMer las mismas oportunidades por las que luchamos. Creo que los que estamos en contra de la guerra deberíamos organizarnos para terminar la guerra. Esa debería ser nuestra estrategia, en lugar de pelear entre nosotros.

decidió trabajar de taxista para subsanar nuestras dificultades durante dos años más hasta que yo pudiera leer y escribir en español. Mi padre había sido contador privado para Banamex antes de unirse a la enorme cantidad de taxis que abarrotan las calles de México. Era un hombre con educación, pero por ese entonces los trabajos para profesionales en México eran casi inexistentes. Mi madre trabajaba en el mismo banco como secretaria. A ella también la despidieron a causa de la crisis económica. Dado que la sociedad mexicana considera que la gente mayor es prescindible, ella y otros trabajadores fueron reemplazados por una fuerza de trabajo más joven y barata.

Durante tres años, mi familia luchó para llegar a fin de mes, hasta que pude terminar tercer grado, y mi hermana, la primaria. En el último día de clases, los pasillos estaban llenos de globos de diferentes colores, y las niñas y niños vestidos todos de blanco entraban y salían de las aulas, emocionados por la celebración de fin de año. Toda la escuela estaba llena de gritos de alegría, pero mi corazón estaba en dos lugares diferentes. Estaba orgullosa del trabajo duro que ese año me llevó a recibir los más altos honores de la clase, pero también cargaba con la tristeza de saber que al final de la ceremonia me esperaba un largo viaje por delante. Tendría que despedirme de mis amigos de la infancia, la gente con la que había crecido. Por lo general, en el último día de clases mis amigos y yo nos abrazábamos y hablábamos sobre qué salón nos habían asignado para el próximo año. Luego nos deseábamos un buen verano y nos despedíamos. Ese año fue diferente, porque no solo les decía adiós hasta el próximo año, sino que les decía adiós para siempre. Mis amigos no entendían por qué estaba tan triste, e insistían que solo era por el verano, que los volvería a ver cuando empezara la escuela otra vez. Pero no sabían lo que yo sabía. Al final del verano estaría mudándome a los Estados Unidos y no los volvería a ver otra vez. Lo peor de todo es que no podía decirles la verdad. Mis amigos intentaban consolarme y los ojos se me llenaban de lágrimas. Quería gritar una explicación, pero me silenciaba el peso del futuro.

Mi hermano más grande tuvo que quedarse para terminar la secundaria. Mis padres siempre habían sido abiertos y honestos con nosotros, y no era un secreto que esto sucedería en algún momento. A finales del año escolar, nuestro futuro se había cristalizado. Antes de mudarnos y dejar todo lo que conocía atrás—mis familiares, mis amigos, mis raíces y mi país—, mi madre me paseó por la ciudad y me mostró los lugares históricos, reafirmando el cambio permanente que estaba por ocurrir.

Incluso antes de que me mudara a los Estados Unidos, sabía que mi estatus migratorio era un tema prohibido y que no debía discutirse con nadie. Sabía que cuando cruzáramos la frontera en algún momento estaría indocumentada, que la visa de turista expiraría y que tendría que llevar una vida clandestina.

Mi familia tuvo la suerte de tener familiares en Texas. No solo se habían establecido, sino que ya eran ciudadanos norteamericanos. El viaje en autobús duró dieciséis horas hasta la frontera, dieciséis horas de ver a México como nunca antes lo había visto. Al mirar por la ventanilla, me despedía de los campos verdes y de la gente humilde de mi país.

Mi tío Luis era uno de los ocho hermanos de mi padre. Él fue nuestro pilar cuando nos mudamos a los Estados Unidos. Texas iba a ser mi nuevo hogar, y Luis nos recogió en Laredo, un trayecto de seis horas ida y vuelta. Nos dio la bienvenida en su casa y nos trató a mi hermana y a mí como si fuéramos sus hijas. Durante los primeros siete meses vivimos con él en Royce City, un pueblo pequeño de Texas. Mientras vivíamos allí con nuestro tío, los cuatro nos quedábamos en un solo cuarto, en un espacio muy reducido. Pero solo era algo temporario hasta que mis padres pudieran conseguir nuestra propia casa. Mi tío nos abrió las puertas de su hogar y nos ayudó a acomodarnos. Siempre le estaré muy agradecida.

Recuerdo que mi primer día en cuarto grado fue muy extraño. Mi tío me dejó en la puerta del aula, y pensé: "¿Qué pasará ahora?". No hablaba ni una palabra de inglés. La primera vez que mi maestra se dirigió a mí, lo único que pude responder fue "Pamela", pero había adivinado correctamente: me había preguntado cómo me llamaba. Me llevó hasta mi pupitre y después habló con mi tío. Él le contó que yo no hablaba inglés y que acababa de llegar a Texas. Estaba tan agradecida por tener a mi tío y mi maestra. Ella era muy amable y comprensiva, pero el resto del día fue confuso. Todo era tan diferente: las aulas, los escritorios, la hora de almuerzo, el recreo, los horarios.

A medida que pasaban las semanas me iba adaptando un poco más. Me sentaba en mi pupitre mientras la maestra daba las lecciones del día, y alrededor de las 12:30 p. m., todos los estudiantes hispanohablantes de cuarto, quinto y sexto grado asistían a las clases de inglés como segundo idioma. Estas tenían como propósito ayudarnos con nuestra tarea, enseñarnos inglés y repasar todas las cosas esenciales que necesitábamos saber. Estaba empezando de nuevo, y tenía que aprender el idioma. Las clases de inglés me ayudaron en la transición y, poco a poco, comencé a comunicarme con mi maestra y dejé de estar tan asustada e insegura.

Luego de siete meses en Royce City, nos mudamos otra vez. Esta vez, a nuestro propio apartamento en Rockwall, Texas, justo en las afueras de Dallas. Para ese entonces, nuestra visa de turista ya había expirado. Sabía que nuestra estadía en los Estados Unidos no estaba autorizada por el gobierno, pero no entendía realmente lo que eso significaba. Royce City o Rockwall no eran nada como la Ciudad de México. Royce City tenía caballos y vacas, pero Rockwall se parecía más a lo que imaginaba que era el sueño americano. Eran los suburbios. Nunca había visto tantas casas idénticas, con sus jardines bien cuidados y las mansiones que rodeaban el lago. Rockwall era un condado muy rico; de hecho, era el segundo condado más rico de Texas.

Mis padres trabajaron muchísimo para que pudiéramos mudarnos a los mejores apartamentos del pueblo, pero cuando intentaron inscribirme en la primaria más cercana, el distrito escolar no me aceptó. Nos dijeron que yo no hablaba suficiente inglés y que tendría que inscribirme en otra escuela primaria donde tenían un programa de enseñanza de inglés durante todo el día. Al principio, estaba aliviada porque no sería como en la otra escuela primaria donde me sentía aislada del resto de la clase. Esta aula estaría compuesta solo por estudiantes cuya lengua materna era el español. Mi maestra, la Srta. Cruz, era como un ángel. Era puertorriqueña, y uno podía ver su pasión por enseñar y por ayudar a los alumnos que estaban intentando aprender inglés. Yo estaba muy contenta con sus clases. Al terminar quinto año, la Srta. Cruz me alentó a cambiarme a la escuela primaria donde solo se hablaba inglés. Dijo que contaba con todo lo necesario para asistir a clases dictadas completamente en inglés y que tenía el potencial para sobresalir.

Comencé sexto grado un tanto asustada. Había aprendido inglés, pero todavía me ponía nerviosa porque mi nueva escuela primaria era una de las mejores. Poco después, mi maestra me tomó unas pruebas y quedé en el programa para estudiantes sobresalientes. Fue entonces que comencé a darme cuenta de que, incluso si podía sobresalir académicamente, mi futuro sería muy diferente al de mis compañeros. Ellos siempre me preguntaban de dónde era. Ser mexicana era algo extraño en un lugar predominantemente blanco. Me preguntaban cómo había llegado a los Estados Unidos. Siempre respondía con mis líneas bien ensayadas: *Me mudé aquí hace dos años y tengo una visa*. Eso fue lo que mis padres me habían dicho que respondiera si me preguntaban por mi estatus migratorio. Séptimo y octavo grado fueron grados muy acelerados, pero cada día tomaba más consciencia de la realidad de mi situación. Mi familia no era como las demás familias de Rockwall. No teníamos una herencia ni veníamos de una familia adinerada. Mis padres trabajaban muchísimo para que pudiéramos llegar a fin de mes, y para darnos a mi hermana y a mí todo lo que podían.

En la preparatoria estaba en las clases avanzadas pero, conforme pasaban los días, parecía que no iba a poder afrontar económicamente los gastos de una universidad. Aunque sabía cómo solicitar una beca, ser indocumentada era una situación difícil con la que tendría que lidiar durante mucho tiempo. En 2001, mi familia envió los documentos para regularizar nuestro estatus migratorio. Pero luego ocurrieron los ataques del 11 de septiembre. Recuerdo a mi madre diciéndonos que ahora sería mucho más difícil aún vivir como inmigrante en este país.

Poco a poco, el sentimiento de ser diferente de mis compañeros aparecía a cada momento. Llegó el último año, y para entonces ya tenía un grupo de amigos que también eran diferentes. Pero no eran indocumentados, eran homosexuales. Rockwall es un lugar conservador, y el simple hecho de ser diferente no siempre era bienvenido. Mis amigos eran abiertamente homosexuales, y gravitaba hacia ellos porque sabía lo que era ser diferente en un lugar donde se glorificaba ser un calco de los demás. Un día que estábamos juntos finalmente les dije que era indocumentada. Después de años de evadir preguntas que la mayoría de los adolescentes pueden contestar con total naturalidad como, por ejemplo, "¿De qué trabajas después de la escuela?", "¿Cuándo vas a sacar tu licencia de conducir?", "¿Adónde vas a ir a la universidad?", les dije la verdad. Recuerdo el sentimiento de alivio que tuve después de compartir lo que había cargado conmigo la mayor parte de mi vida. Les había dicho la verdad a mis amigos más cercanos, pero los desafíos de ser indocumentada continuaban.

Después de terminar la preparatoria, me mudé a San Antonio para ir a la universidad. El ambiente era muy distinto al de los suburbios; la atmósfera era diferente, como respirar aire puro. Podía ver y sentir mis raíces y mi herencia a todo mi alrededor. Comencé a organizarme y a abogar por los derechos de los inmigrantes y la Ley DREAM en mi primer año de universidad. A pesar de no ser una estudiante abiertamente indocumentada, estaba involucrada en las marchas y mítines que las organizaciones de base realizaban en San Antonio.

Como estudiante indocumentada, vivía con miedo a ser arrestada, a que la gente se enterara de mi estatus migratorio, a que me juzgaran, y también con una angustia constante cada semestre de que no pudiera continuar con mis estudios. El año pasado, todos mis miedos se volvieron realidad y tuve que enfrentarlos. Fui erróneamente arrestada en las calles de Austin un día antes de que partiera hacia Washington D.C. para el mitin más grande de 2010 a favor de la inmigración. Estaba hablando en público en contra de la brutalidad policial cuando de repente se acerca un policía y me grita: "¡Ya tuvimos suficiente de ti!", y me arrastra por la acera y me empuja dentro de una patrulla. En ese momento supe que mi vida cambiaría por completo. Se me vinieron a la mente todas aquellas veces que mi mamá me recordaba que yo *no* era una adolescente normal o una universitaria normal debido a mi estatus migratorio.

Mientras permanecía sentada en las sillas azules de la población general del Departamento de Policía, lo único que podía pensar era que mi historia terminaría de manera muy distinta a la del resto de los que estaban conmigo en esa habitación. No tendría oportunidad de ver a ningún juez, ni tendría una audiencia ni saldría en libertad al día siguiente tras pagar una fianza. No se me consideraría inocente antes de ser declarada culpable. Cuando vi acercarse a un oficial del Servicio de Inmigración y Control de Aduanas (ICE, por sus siglas en inglés) y decir mi nombre, supe que mi encarcelamiento realmente estaba por comenzar. El oficial tenía una planilla con toda mi información ya completa. Mi secreto ya no era un secreto. Después de eso, pasé los días más solitarios de mi vida. Me habían detenido por mi estatus migratorio, algo que no había cambiado desde que tenía nueve años, cuando llegué por vez primera a los Estados Unidos. Ahora era una estadística más de "Comunidades Seguras".[2]

Me encarcelaron durante dos días en una celda específicamente asignada a personas con mi estatus migratorio. Todos los guardias sabían por qué estábamos allí. Pude experimentar lo que se siente no existir en el corazón y los ojos de la gente. Aunque mi madre me había recordado siempre que era diferente de mis pares, yo nunca lo había aceptado. Quería creer que podía ser cualquier cosa que quisiera ser, y no lo que me dijeran que podía ser solo por carecer de un número de seguro social. Ese día me dije a mí misma que jamás dejaría que otr@ joven indocumentad@ pasara por lo mismo, que lucharía y continuaría luchando por la igualdad y la justicia, para que mis semejantes no tuvieran que esconderse. No quería que nadie tuviera miedo de ser ellos mismos debido a su color de su piel, por haber nacido en otro país o porque no tuvieran un número de seguro social, porque esos conceptos fueron creados para segregar a los seres humanos.

No fue sino hasta que me llevaron al Centro Residencial T. Don Hutto, uno de los centros de detención para inmigrantes más tristemente célebres de Texas, que comprendí lo paupérrimo que era nuestro sistema migratorio. Me encontraba ahora en un moderno campo de concentración en la tierra de la libertad. Ya no era una persona, sino un número extranjero. Me veía obligada ahora a vivir la realidad

---

2   Comunidades Seguras es un programa del Departamento de Seguridad Nacional en cooperación con las autoridades a nivel federal, estatal y local. Cualquier persona nacida en el extranjero que sea arrestada por cualquier razón, antes de un juicio y condena por cualquier crimen que se le impute, puede permanecer detenida bajo el programa de Comunidades Seguras por oficiales del ICE para determinar si esa persona está autorizada para residir en el país. El programa de Comunidades Seguras ha sido atacado por organizaciones de derechos civiles y a favor de los derechos de los inmigrantes, quienes afirman que el programa ha dado lugar a abusos de derechos civiles por parte de oficiales recelosos y antiinmigrantes. Sostienen también que el programa socava el trabajo de las autoridades, puesto que las comunidades de inmigrantes tienen miedo de reportar los crímenes violentos a la policía.

de los indocumentados, todo lo que había intentado evitar desde
que tenía nueve años. Tenía veintiún años y estaba asustada. Estuve
en el centro de detención durante cuatro días hasta que mi familia y
amigos pudieron ayudarme. Mientras estuve detenida, conocí a tantas mujeres increíbles que eran iguales a mi madre, a mi hermana, a
mis amigos indocumentados, a mí. A pesar de que todas estábamos
en el centro de detención al mismo tiempo, la vida me había dado
un destino diferente porque era una estudiante que tenía una casa y
una familia en los Estados Unidos. Contaba con un sistema de apoyo
que me pudo conseguir un excelente abogado. También tuve mucha
suerte porque había entrado al país con una visa y era estudiante. Mi
caso tuvo discreción por parte de la fiscalía, lo cual me permitió quedarme en el país y no ser deportada, algo que a la mayoría de los inmigrantes nunca les sucede.

Mientras salía del centro de detención, me prometí no olvidar
nunca lo que había vivido aquella semana. Estaba en mi tercer año
universitario y era el receso de primavera, y lo pasé de manera muy diferente a la mayoría de mis compañeros. En ese momento, supe que iba
a continuar luchando por la justicia y la igualdad, y por sobre todo,
que ya no tendría miedo a expresar mi opinión. Supe también que me
mantendría siempre junto a aquell@s que son alienad@s y desmorali-
zad@s. Ya no tenía miedo. Podría ser deportada; y, llegada la hora, iba
asegurarme de que primero me escucharan. Fue en ese instante que
decidí dejar de fingir y continuar repitiendo las líneas que había aprendido con respecto a mi visa, sobre algo y alguien que yo no era. Haber
confesado que era indocumentada fue liberador. Ya no tenía que in-
ventar excusas. Había sido testigo de la voz de la juventud inmigrante

al frente de la lucha por los derechos civiles en este país. Su fuerza y su coraje alimentaron los míos.

Ya no veía razón para esconder mi historia después de mi arresto. Comencé a compartir y a hablar con mi comunidad sobre las realidades que los estudiantes indocumentados enfrentan cada día. Esto impulsó la creación de una organización para estudiantes indocumentados en el área de San Antonio, liderada por ell@s mism@s y sus aliad@s.

Cuando la escuela comenzó ese otoño, los otros dos fundadores del grupo estudiantil *DREAM Act Now!* (Adam Socki y Lucinda Martínez) y yo empezamos a juntar peticiones, a hablar en otras escuelas de la zona y a tratar de concientizar a la gente sobre la Ley DREAM. Todos los días veía que la comunidad latina era continuamente atacada, denigrada, intimidada y privada de sus derechos humanos básicos; día tras día, veía cómo se utilizaban leyes chauvinistas disfrazadas de justicia para oprimir a la gente de color. Como respuesta, se nos ocurrió la idea de realizar una huelga de hambre. Fue idea de los DREAMers de Texas, a fin de movilizar y aumentar la conciencia de una comunidad que ya no podía permanecer dormida.

El 10 de noviembre de 2010, iniciamos la huelga de hambre. La Ley DREAM estaba a punto de debatirse y nosotros íbamos a hacer todo lo posible para que se aprobara. Ya no podíamos quedarnos a un lado observando cómo los políticos jugaban con nuestro futuro. Nuestro objetivo principal era atraer la atención de nuestra universidad, de nuestra ciudad, y exigir que nuestra senadora, Kay Bailey Hutchison, optara por la justicia y respaldara la Ley DREAM. Enfrentamos muchos retos, pero queríamos mantenernos fieles a nuestra visión y a las razones por las cuales iniciamos la huelga de hambre. Estábamos poniendo en riesgo nuestra salud y nos poníamos en riesgo nosotros por luchar por lo que sabíamos era lo correcto: la igualdad.

La reacción de los estudiantes en mi campus, al igual que en otras partes del país, fue positiva. Desde el primer día de la huelga, les explicamos a nuestr@s compañer@s lo que la Ley DREAM implicaba y a quiénes beneficiaría. Vimos que los estudiantes creen que la educación debería ser accesible para todos, sin importar su estatus migratorio. Nuestra acción también alentó a otros DREAMers a que se acercaran y compartieran sus historias. La fuerza y el coraje reemplazaron la sensación de impotencia que alguna vez sintieron otros compañeros DREAMers. Aunque enfrentamos y continuamos enfrentándonos a una oposición con respecto a la Ley DREAM y los derechos de los inmigrantes, hemos abierto la puerta para entablar un diálogo. Es un tema que ahora se discute, y los tabúes y los conceptos erróneos sobre los jóvenes indocumentados se van modificando con el poder de nuestras historias.

Para l@s que participamos en la huelga de hambre, esta fue una experiencia que nunca olvidaremos. Vimos a nuestra comunidad unirse y brindar su apoyo a nuestra causa. Luego del primer día de huelga, la senadora Hutchison envió un mensaje diciendo que entendía nuestra difícil situación pero que deseaba que eligiéramos formas más seguras de expresarnos. A partir de ese momento, decidimos compartir nuestro mensaje. Pensábamos constantemente en la forma en que podíamos desafiarnos con nuestras acciones para promover la toma de conciencia sobre nuestra causa. En el cuarto día de la huelga, caminamos más de veintidós kilómetros desde el campus principal hasta el campus en el centro de la ciudad como un gesto de respeto hacia tod@s aquell@s que han muerto cruzando la frontera en busca de una vida mejor. Fue también una pequeña forma de honrar la campaña Camino de los Sueños (*Trail of Dreams*) del año anterior, cuando los DREAMers más ancianos caminaron durante seis meses para comunicar la urgente necesidad de que se aprobara la Ley DREAM. Gaby Pacheco, una de las participantes de Camino de los Sueños, nos acompañó durante nuestra marcha para brindarnos su apoyo.

Con el paso de los días, nuestra comunidad y la comunidad nacional de DREAMers nos apoyaban cada vez más. La huelga de hambre se convirtió en una historia nacional, y nuestra acción alentó a otras organizaciones de otros estados a unirse a la huelga para ayudar a crear el ímpetu y la fuerza necesarios para nuestra causa. Nos habíamos desafiado a darlo todo. No nos arrepentiríamos de nada ese año y haríamos todo lo posible para que los senadores y la comunidad en general nos escucharan.

Por último, realizamos una sentada en la oficina de la senadora Kay Bailey Hutchison en San Antonio, y utilizamos Internet como un medio a través del cual nuestra existencia no podía ser negada ni censurada. Los medios utilizaron nuestros reportes para las noticias de la tarde, pero no necesitábamos esperar hasta la transmisión de las noticias para llegar a nuestro público. Preparábamos nuestras propias historias y comunicábamos los hechos que iban ocurriendo a través de las redes sociales y en tiempo real. Mediante el uso de la tecnología como herramienta para nuestro activismo, logramos llegar a la generación más vieja, que mira las noticias de la tarde, y a la generación más joven, que utiliza los medios sociales. La Ley DREAM no se aprobó ese año, pero nadie puede quitarnos todo lo que aprendimos al participar en esa huelga de hambre. Como DREAMers, nos movilizamos como nunca antes lo habíamos hecho, y creamos un nuevo capítulo en nuestra lucha.

Conforme avanzamos, es importante recordar que habrá diferencia de opiniones y tácticas, como en todo movimiento. Habrá momentos en que una división perjudique al movimiento y afecte la fuerza general que conlleva la unidad. Una comunicación sólida es esencial para alcanzar nuestro objetivo en común. Si la comunicación se pierde, entonces una parte del movimiento se verá perjudicada. Es sumamente importante que la comunicación y el respeto sean los principios que nos guíen al momento de emplear diferentes tácticas y estrategias. También es importante que el movimiento esté liderado por los jóvenes indocumentados. Algunas veces, podrá ocurrir que la voz de nuestr@s aliad@s eclipse la voz de los DREAMers. Es crucial que el movimiento está dirigido por los DREAMers, porque son quienes están al frente de la lucha; y deberíamos generar el espacio necesario para que todos los DREAMers ocupen un rol de liderazgo. En mi trabajo como DREAMer, he aprendido que la igualdad es esencial en todos los aspectos de nuestro trabajo. Como mujer, creo que debemos combatir al sexismo a medida que nos organizamos. La voz de cada DREAMer tiene que ser escuchada, y las mujeres tienen que ser respetadas y alentadas a involucrarse en roles de liderazgo dentro del movimiento.

Haber hecho pública mi condición de estudiante indocumentada y estar involucrada en la defensa de la Ley DREAM son dos cosas que me han marcado muchísimo. Ahora pienso de manera constante en el empoderamiento de mi comunidad. Ya no dejo que mi situación me impida ser lo que quiero ser. Y me doy cuenta de que mi historia y mis palabras tienen el poder de cambiar la situación que enfrentan los estudiantes indocumentados y los inmigrantes. He aprendido que es importante organizarse por tu propia causa, porque sé lo que es ser indocumentada. Es fundamental que nuestro movimiento cuente con ayuda externa, con la ayuda de nuestr@s aliad@s. También es importante que los inmigrantes indocumentados lideren nuestros esfuerzos, porque nadie puede narrar la experiencia de ser un inmigrante indocumentado más que ellos. Tenemos que ver nuestra causa no solo como una lucha por los derechos civiles, sino también por los derechos humanos: luchamos por algo tan básico como el derecho al acceso igualitario de tod@s a la educación. Creo que al organizarnos como inmigrantes indocumentados nos enfrentamos a desafíos particulares. Tenemos que cambiar esa mentalidad y ese miedo que impiden que mucha gente de nuestra comunidad se anime a hacer público su estatus migratorio. Ya es tiempo de trascender ese miedo.

Cuando otr@ DREAMer comparte su historia, el movimiento cobra ímpetu. Esto me ha ayudado a sentirme más conectada, y es algo que continúa alentándome a luchar por una justicia social más amplia. Cuento con el apoyo de una comunidad de estudiantes que han luchado y sobrevivido, y que luchan junto a mí. Formo parte de una familia de DREAMers. Luego de que logremos obtener la legalización, será importante que continuemos organizándonos por los demás. Considero que con esta lucha se intenta crear igualdad en nuestra sociedad, y que la única manera de hacerlo es continuar peleando por la justicia social. Creo que la Ley DREAM es un paso muy importante para alcanzar la igualdad de todos los inmigrantes. No obstante, nuestra tarea como DREAMers será la de mantener la lucha por tod@s en nuestra comunidad, porque nuestros destinos están entrelazados y compartimos nuestras experiencias.

WE WILL NOT COMPLY

ABAJO CON SB1070

SECCIÓN III

La Lucha Futura

Introducción

El movimiento por los derechos de los inmigrantes explotó en 2006 con las Mega Marchas que exigían una reforma migratoria y la *"legalización ahora/legalization now"*. Los organizadores con experiencia y los activistas comunitarios abogaban por un entendimiento más profundo de la igualdad que fuera más allá de la obtención de documentación migratoria; pero, sobre todo, el movimiento carecía de una visión cohesiva que superara las exigencias del llamado a corto plazo por la legalización. Tras las elecciones presidenciales de 2012, donde el 75% de l@s latin@s votó por Barack Obama, la reforma migratoria ha vuelto a debatirse entre demócratas y republicanos. Dos días después de que Obama ganara las elecciones, John Boehner, líder republicano de la Cámara de Representantes, se interesó nuevamente por lograr la aprobación de la reforma migratoria y llamó a "un enfoque abarcador" que "debió haberse implementado hace mucho tiempo". Su perspectiva respecto de la inmigración resultó curiosa, ya que hacía sólo unas semanas se había mostrado dispuesto a escuchar propuestas para modificar la Constitución de los Estados Unidos a fin de excluir el derecho a la ciudadanía por nacimiento para hijos de inmigrantes indocumentados.

A medida que el movimiento vuelve a enfocarse en la legalización, tenemos que crear una visión que vaya más allá de la garantía básica de la autorización para trabajar. Tanto la izquierda como la derecha han exigido desde hace tiempo una reforma migratoria "integral", pero sus directivas sobre la forma de arreglar nuestro paupérrimo sistema migratorio son muy diferentes. En la actualidad, los republicanos y muchos demócratas consideran que una reforma migratoria integral implicaría una estrategia continua de criminalización masiva de las comunidades de inmigrantes mediante una vigilancia policial específica y programas de deportación masiva. Estos programas han tenido como consecuencia la deportación de una cantidad récord de inmigrantes bajo la administración Obama, y han llevado al Departamento de Justicia a iniciar investigaciones por violación de derechos civiles contra individuos como el sheriff Arpaio, de Arizona.

Además, una reforma de estas características podría significar simplemente la implementación de programas limitados de visas para trabajadores extranjeros que no ofrecen ningún camino hacia la obtención de la ciudadanía. Estos programas solo lograrán crear una categoría permanente de trabajadores de segunda clase, quienes seguramente estarán sujetos a graves violaciones de sus derechos laborales, teniendo en cuenta que tanto los programas pasados como los programas actuales han estado plagados de abusos de esa índole. Los programas de visas para trabajadores extranjeros dificultan aún más la organización obrera, al brindarles a los empleadores inescrupulosos otra herramienta para desbaratar cualquier esfuerzo de organización sindical. Bajo estos programas, los empleadores fácilmente pueden amenazar con dejar de patrocinar a un trabajador, terminando así con sus posibilidades de trabajar legalmente en el país.

Dado que una reforma migratoria integral probablemente no resolverá la arraigada desigualdad económica y social que padecen los inmigrantes indocumentados, los organizadores con experiencia no consideran que dicha reforma sea el "final de juego" para el movimiento. Esta sección se enfoca en las voces de algunos de estos organizadores, quienes están planificando e implementando una visión para el movimiento que va más allá de la legalización; un camino a seguir que responde a la inherente desigualdad de nuestro sistema económico y político que continúa perpetuando graves disparidades étnicas y raciales. Estos líderes comunitarios están llevando el poder popular del movimiento por el derecho de los inmigrantes hacia la creación de grandes cambios de poder y conciencia entre individuos y comunidades.

Lo que estas historias comparten es una perspectiva en común en la cual se reconoce que la legalización de unos once millones de indocumentad@s le brindará los derechos y protecciones necesarios a una población vulnerable, pero que no abordará la naturaleza sistémica de las desigualdades raciales y económicas que padece la comunidad latina. Estos organizadores comprenden que el mero hecho de obtener el derecho legal a trabajar por un salario mínimo con pocos beneficios o derechos, mientras se es forzado a vivir bajo un sistema criminal que continúa persiguiendo de manera desproporcionada a l@s latin@s, nada tiene que ver con la igualdad. Reconocen que la igualdad y la dignidad no pueden ser otorgadas por el Estado, sino que requieren de una lucha a largo plazo que modifique el desequilibrio de poder y la forma en que nuestra sociedad está estructurada.

El inmigrante hondureño Dennis Soriano terminó trabajando

en la reconstrucción de Nueva Orleans luego del huracán Katrina. Rápidamente se convirtió en uno de los organizadores jornaleros más dinámicos del país. Como organizador, aprendió la importancia fundamental de organizar a la gente de color de bajos recursos uniendo a l@s latin@s y a l@s afroamerican@s. El esquema de justicia racial de Soriano ofrece una perspectiva necesaria para abordar las inequidades y divisiones arraigadas dentro del movimiento.

Las nuevas estrategias de organización obrera lideradas por las organizaciones de inmigrantes son cruciales para el movimiento por los derechos de los inmigrantes y de los trabajadores. La Coalición de Trabajadores de Immokalee (CIW, por sus siglas en inglés) de Florida, que pasó de ser un pequeño proyecto de voluntarios a una red nacional de líderes estudiantiles y religiosos, se ha enfrentado a una de las industrias más crueles y explotadoras de trabajadores inmigrantes: la agroindustria. Lucas Benítez, cofundador y antiguo campesino, habla de su experiencia en ayudar a formar la CIW. Su trabajo inspira una visión sobre cómo llevar adelante el movimiento obrero y por los derechos de los inmigrantes mediante la creación de un movimiento amplio en donde aquell@s más afectad@s estén al frente de la lucha por un cambio para sus comunidades.

La organización sindical y obrera ha buscado mejorar la calidad de vida y las condiciones de trabajo de los trabajadores indocumentados, la mayoría de los cuales trabajan en industrias de bajos salarios. No obstante, desde Nueva York hasta California, se están implementando nuevas iniciativas para la creación de trabajos dignos para inmigrantes a través de cooperativas gestionadas por los trabajadores. En una cooperativa de trabajadores, la propiedad y el control del negocio son compartidos de manera equitativa entre los trabajadores. A través de la propiedad colectiva de la cooperativa, los trabajadores tienen una participación directa en su bienestar económico, al igual que voz y voto directo sobre las decisiones clave que afectan las condiciones de su lugar de trabajo y, en definitiva, de sus vidas. Durante más de 150 años, las cooperativas de trabajadores han progresado en diversas industrias en todo el mundo, brindando una poderosa visión de una economía más justa y sustentable. En los Estados Unidos, l@s inmigrantes latin@s han abrazado el modelo cooperativo como una forma de escapar de las condiciones abusivas de las industrias de bajos salarios, en particular en lo que respecta a la limpieza doméstica, y como una forma de tener un mayor control sobre sus vidas. En el ensayo de Ivette Meléndez, su transformación personal—de ser una empleada en una abusiva compañía de limpieza, a ser una trabajadora-propietaria—habla del impacto del modelo cooperativo y de su potencial para liberar a los trabajadores inmigrantes de la naturaleza explotadora de los negocios de siempre.

Los estudiantes indocumentados, o DREAMers, han estado a la vanguardia del movimiento por la legalización, presionando con éxito al presidente Obama en junio de 2012 para que les otorgara permisos de trabajo y la posibilidad de evitar ser deportados en caso de ser detenidos por la policía. El presidente adoptó estas medidas en respuesta directa a la presión comunitaria por parte de los estudiantes indocumentados que ocuparon sus oficinas de campaña electoral durante su carrera por la reelección. Estos jóvenes organizadores han aprendido la importancia de construir una base nacional y la forma de emplear la acción directa para alcanzar sus objetivos. Esta sección se enfoca en un DREAMer que busca unir los esfuerzos organizativos de los estudiantes indocumentados con movimientos más amplios, como una estrategia a largo plazo para alcanzar la igualdad. Los DREAMers jugarán un papel de liderazgo en el futuro del movimiento, y su voz y sus esfuerzos continuos por organizarse son vitales para la comunidad latina en general.

Después de las elecciones de 2012, las comunidades latina e inmigrante han obtenido una nueva influencia sobre el sistema político de nuestra nación. El movimiento tiene la oportunidad de utilizar este poder de influencia no solo para obtener la legalización, sino también para continuar luchando para lograr importantes cambios en el ámbito cultural, laboral y económico. Las condiciones que enfrentamos son críticas: hoy, casi un@ de cada cuatro latin@s vive en la pobreza en los Estados Unidos; l@s latin@s son una de las poblaciones carcelarias con mayor crecimiento; el 31% de l@s estudiantes latin@s no terminan la preparatoria, y l@s inmigrantes latin@s tienen más probabilidades de morir en el lugar de trabajo que los nativos estadounidenses. La legalización no resolverá estos problemas, pero los líderes comunitarios y las organizaciones de base que surgieron del movimiento por los derechos de los inmigrantes continuarán liderando los esfuerzos por abordar estos problemas.

Como dijo Paulo Freire, educador y filósofo de los movimientos sociales de Brasil: "La gran tarea humanista e histórica de los oprimidos: liberarse a sí mismos". Por supuesto que no es una tarea fácil. No existe un manual para hacerlo y, como también ha dicho Freire, "se hace camino al andar". Todos los movimientos son parte de un proceso evolutivo. De esta manera, podríamos decir que el movimiento inmigrante aún es joven y está desarrollando su propia visión, su propio sendero a seguir, para el largo camino que nos queda por delante.

Construyendo un Nuevo Movimiento Obrero
Los Trabajadores Inmigrantes se Enfrentan a los Gigantes de la Comida Rápida

Lucas Benítez

COALICIÓN DE TRABAJADORES DE IMMOKALEE

Las cosas siempre han sido difíciles para los pequeños campesinos de México. No hay ningún tipo de ayuda o subsidio del gobierno y, al final de la cosecha, los productos se compran muy baratos a un precio dictado por los grandes monopolios. Por generaciones, mi familia produjo frijoles y maíz, de los cuales guardábamos una parte para nuestro consumo personal y vendíamos el resto para cubrir los costos personales y de producción de cosecha a cosecha.

Todavía recuerdo cuando las cosas comenzaron a ponerse aún más complicadas que la difícil realidad que ya vivíamos. En la década de los noventa, el gobierno mexicano empezó a hablar de un tratado de comercio que beneficiaría a todos, y que les brindaría más oportunidades a los pequeños campesinos. Podríamos competir en los grandes mercados internacionales. Según el gobierno mexicano, iba a ser más fácil exportar nuestros productos al Norte, especialmente a los Estados Unidos y Canadá. Con estas y otras mentiras, nos engañaron para que aceptáramos el Tratado de Libre Comercio de América del Norte (TLCAN).

Fue en ese momento que comenzó la verdadera historia de nuestra supervivencia. Nuestra situación empeoró cada vez más. Ahora competíamos en un mercado donde los productos agrícolas del Norte se vendían a precios mucho más bajos que los de los campesinos mexicanos. Simplemente no podíamos competir. En Arcelia, Guerrero, mi ciudad natal, solo teníamos unos ocho tractores para una población de más treinta mil, con el 90% de los habitantes dedicados a la agricultura. Esto significaba que teníamos que pagar para alquilar un tractor o emplear personas para que realizaran el mismo trabajo que hacía el tractor. ¿Cómo podíamos competir con la gran agroindustria de los Estados Unidos, que controla la mayoría de la producción agrícola y goza de enormes subsidios económicos e incentivos legales del gobierno estadounidense? Fue así que nosotros, que habíamos sido productores agrícolas durante generaciones, nos convertimos en los nuevos hijos sin tierra, gracias al TLCAN.

México, que durante mucho tiempo había sido un importante productor y exportador de granos, rápidamente comenzó a importar productos de los mismos países a los que había estado exportando. Como consecuencia, México también se convirtió en uno de los países más importantes en la exportación de mano de obra barata a los Estados Unidos y Canadá—los mismos países que supuestamente nos habían "sacado de la pobreza".

Es por eso que cientos de miles de mexicanos sienten que fueron forzados a dejar sus tierras y que fueron obligados a buscar trabajo en las grandes ciudades dentro y fuera de México. Cuando no podíamos encontrar oportunidades en las ciudades mexicanas, no nos quedaba otra opción más que irnos al Norte.

Los Estados Unidos es una tierra extranjera, lejos de nuestras familias y de nuestras raíces ancestrales, donde con orgullo nacemos y con orgullo morimos en la misma tierra de nuestros antepasados.

Cuando uno llega a los Estados Unidos, "la tierra de las oportunidades", piensa que todos sus problemas van a resolverse. Se llega con tres objetivos: empezar a trabajar, ahorrar algo de dinero y después, en unos años, regresar para estar con su gente. ¿Por qué pensamos que es tan simple? Según las historias que hemos escuchado—en la televisión, en las noticias, y hasta de nuestros amigos que han vivido en el Norte—, todo en los Estados Unidos es hermoso. La vida es más relajada que en nuestro país. Con hermosas ciudades como Miami, Nueva York y Los Ángeles, uno se imagina que el trabajo en los Estados Unidos será mucho más simple y que se obtendrá en un día lo que se obtiene en una semana en su propio país. Nadie te enseña la otra cara de la moneda: que en los Estados Unidos no eres más que un simple peón. Ni a la compañía ni al jefe para los que trabajas les importas como ser humano. Solo te ven como una máquina a la que pueden usar y explotar en el menor tiempo posible. Te arrojan a la basura cuando terminan contigo, y encuentran un reemplazo a la primera señal de que ya no eres necesario para la producción, en una compañía donde pasaste los mejores años de tu vida. No les importa cuánto tiempo trabajaste para ellos ni cuánto sacrificaste para estar allí cuando te necesitaban.

La ciudad de Immokalee, Florida, no está exenta de esta realidad. Immokalee está constituida en su mayoría por tres comunidades de inmigrantes: mexicanos, guatemaltecos y haitianos, quienes trabajan como agricultores. Por su geografía, Florida, e Immokalee en particular, es un lugar ideal para la producción de una gran variedad de frutas y verduras. Todos los años, durante los meses de noviembre y mayo, Immokalee se convierte en el mayor productor de tomates y frutas cítricas del país. Para ponerlo en perspectiva, el 90% de los tomates que se consumen durante el invierno en los Estados Unidos provienen de Florida.

Al llegar a Immokalee, luego de varios días de viaje, sentí como si estuviera en un pueblo rural de México. Había caminos de tierra y, por lo general, escuchaba a la gente hablar español, criollo y otras lenguas indígenas de México y Guatemala. El idioma que menos escuché hablar fue el inglés. Me pregunté: "¿Dónde están los hermosos edificios y playas de Florida?". Pero estábamos aquí para trabajar y ahorrar dinero. Así que, el día después de llegar a Immokalee, hice tal como me dijeron las personas con las que había ido a vivir: levantarme a las 4 a. m. para preparar la comida y salir al estacionamiento principal a buscar trabajo. Si tenía suerte, encontraría a algún contratista que me llevaría a recolectar tomates, naranjas o a hacer algún tipo de trabajo agrícola.

Como agricultor, uno está listo para el día que le espera. Sabes que será un día largo y de trabajo duro. Pero para lo que no estás preparado es para la falta de respeto del contratista que te elige y de todos los supervisores que trabajan para la compañía. El abuso verbal es muy frecuente, pero también ves como abusan sexualmente de las mujeres que trabajan contigo en el campo. Al final del día estás exhausto, no solo física sino también mentalmente. Luego de soportar toda la humillación, te sientes incapaz de hacer algo al respecto, porque sabes que perderás tu trabajo si lo haces.

Solía preguntarme: "¿Estos son los Estados Unidos? ¿Este es el país de las oportunidades?". Me negaba a creerlo. No tenía más opción que levantarme al día siguiente y continuar con la misma rutina, sólo para descubrir que los abusos no acababan allí. Más tarde me di cuenta de que lo que viví en los campos era solo una parte del paquete que la industria agrícola tiene preparado para ti. Immokalee era básicamente un pueblo sin ley, donde la única ley que existía era la del más poderoso. Había contratistas que llevaban pistolas en la cintura, vigilándote mientras trabajabas, o iban con sus rifles cargados en la caja de sus camionetas. Muchas veces trabajabas uno o dos días con un patrón, y el viernes, el día de pago, simplemente no aparecía para pagarte. Y si intentabas reclamar tu dinero, el patrón te golpeaba enfrente de los demás por insinuar que te estaba robando tu salario. Por eso comencé a oír cosas como "Es mejor no decir nada", "La semana que viene será diferente" o "¿Qué puedes hacer? Esa es la ley aquí".

Eso era lo normal, nuestro pan de cada día. Los abusos más extremos en el trabajo agrícola representan los casos de esclavitud moderna, donde los trabajadores son reclutados con promesas de un buen salario, vivienda gratuita y muchas otras cosas, para terminar esclavizados, vigilados todo el día por guardias armados, sin poder comunicarse con sus familias y con un salario ínfimo de unos $20 dólares a la semana. Si algún trabajador intenta escapar de esta situación y es atrapado, es probable que lo maten.

Con el paso del tiempo, te das cuenta de que todo lo que estás sufriendo hoy es el legado de las condiciones que han existido en la industria agrícola de los Estados Unidos desde sus inicios, cuando realmente utilizaban esclavos para trabajar la tierra. Luego se aprovecharon de los aparceros, quienes eran, en su mayoría, blancos pobres y vulnerables. Ahora nos toca a nosotros, los nuevos inmigrantes, continuar sufriendo estas injusticias. En los Estados Unidos, la industria agrícola siempre ha sido tratada ante la ley como un niño consentido, escapando o evadiendo leyes aplicables a la mayoría del resto de las industrias.

¿Qué podía hacerse para enfrentar todo este abuso? Organizarnos y unirnos para luchar contra este monstruo nos parecía lo más lógico. ¿Debíamos formar un sindicato, la forma más tradicional para equilibrar las relaciones con un empleador? No obstante, luego descubres que en los Estados Unidos los trabajadores agrícolas y los trabajadores domésticos están excluidos de la Ley Nacional de Relaciones Laborales, la cual protege al resto de los trabajadores de otras industrias, brindándoles el derecho a formar sindicatos. Los problemas de Immokalee no terminan allí. Aquí en Immokalee la gente viene y va; siempre hay gente nueva. Algunos de nosotros comenzamos a pensar que era un lugar imposible de organizar, no solo porque los trabajadores son temporarios, sino también porque provienen de tres comunidades diferentes, con sus propias tradiciones particulares. Durante décadas, los contratistas y supervisores habían hecho un buen trabajo en mantenernos separados. Pensábamos que el mexicano era el enemigo del guatemalteco y que el haitiano no quería saber nada con ninguna de las dos comunidades. Por lo tanto, parecía que la mejor opción era que todos se quedaran en su propio mundo e intentaran resolver sus problemas por su cuenta—o que se quedaran callados para no parecer débiles ante los demás.

A pesar de estos obstáculos, a principios de los noventa un pequeño grupo de mexicanos, guatemaltecos y haitianos—cansados de tanto abuso y dispuestos a ver más allá de nuestras diferencias—decidió que debíamos cambiar este desequilibrio de poder entre los trabajadores y la industria, asegurar mejores salarios y ser tratados con el respeto y la dignidad que merecemos.

Tras varias reuniones informales en una de nuestras casas, decidimos dar comienzo al Proyecto de Trabajadores Agrícolas del Suroeste de Florida (*Southwest Florida Farmworker Project*). Pedimos ayuda a la organización Guadalupe Social Services, que forma parte de la Iglesia católica, para conseguir un lugar donde reunirnos. Al mismo tiempo, teníamos claro que no siempre podíamos depender de ellos, de modo que comenzamos a buscar nuestros propios fondos para así poder tener mayor autonomía. Tiempo después, dejamos Guadalupe Social Services y también dejamos atrás el nombre de Proyecto de Trabajadores Agrícolas para crear lo que ahora se conoce como la Coalición de Trabajadores de Immokalee (CIW, por sus siglas en inglés).

Durante la transición a CIW, permanecimos enfocados y con la mente clara, trabajando para alcanzar nuestra meta. Adoptamos el método de educación popular de Paulo Freire como herramienta para el aprendizaje y la reflexión, dado que las tres comunidades ya conocían ese enfoque y estaban algo familiarizadas con él. La educación popular nos ayudó a analizar nuestra realidad, debido a que se basa en las experiencias de la gente, y la utilizamos para concientizar a nuestros compañeros sobre lo que queríamos lograr y cambiar.

Seguimos tres pasos rigurosos para alcanzar nuestros objetivos:

- Crear **Conciencia** entre nosotros como trabajadores, a través de reuniones comunitarias todos los miércoles (las cuales continúan hasta el día de hoy), un programa de radio, visitas a domicilio, festivales informativos, etc.

- De esa manera, se logra un **Compromiso** personal que queda demostrado con la participación en huelgas, marchas, huelgas de hambre y giras nacionales.
- A través de estos métodos logramos un **Cambio**.

Así es como nació nuestra ecuación matemática, que es la base de nuestro método organizativo:

CONCIENCIA + COMPROMISO = CAMBIO.

Sin esta ecuación, que todavía utilizamos, continuaríamos pensando lo mismo que antes: que resulta imposible organizarse en Immokalee. Mediante esta ecuación, podemos asegurar el desarrollo constante del liderazgo de nuestra creciente base. Este modelo nos permite luchar en múltiples frentes al mismo tiempo, sin depender de un líder que nos dirija o en quien tengamos que depender para todos nuestros planes estratégicos y de acción.

De 1993 a 1995, nos dedicamos a construir una fuerte base de liderazgo—líderes conscientes y dedicados a actuar, a confrontar a los líderes de la industria agrícola para intentar resolver la crisis de derechos humanos en Immokalee.

En Noviembre de 1995, realizamos la primera huelga general en la historia de Immokalee. Más de tres mil trabajadores dejaron de trabajar durante una semana, sin siquiera un centavo de apoyo para la huelga. Luego organizamos una marcha de 370 kilómetros hasta la Asociación de Productores de Florida (*Growers Association of Florida*), una huelga de hambre liderada por seis trabajadores que duró treinta días, y también muchas otras acciones en las que exigíamos un dialogo directo con los productores. Así pasamos los primeros años de la Coalición de Trabajadores de Immokalee.

Seis años después de nuestra primera acción contra la industria agrícola, pudimos lograr algunos cambios importantes, como la erradicación de la violencia física en el trabajo y la reducción del robo de salarios, entre otros. Pero una cosa era clara: el verdadero cambio no iba a lograrse de esta manera. Es por eso que en 2001 decidimos llevar nuestra lucha y nuestras exigencias a un nivel más alto. Comenzamos a enfocar nuestros esfuerzos en los principales compradores de los tomates que cosechábamos, como los restaurantes de comida rápida y los supermercados. Les pedimos que intervinieran y que nos ayudaran a mejorar nuestros salarios pagando un centavo más por cada libra de tomate de Florida que compraran. También les pedimos que crearan un código de conducta para que nuestros derechos humanos básicos como trabajadores fueran respetados. La parte más importante de este programa fue la participación de los mismos trabajadores en el monitoreo del acuerdo y del código.

Así es como comenzó nuestra campaña contra Taco Bell en 2001. Luego de varios intentos de conseguir una reunión con el director ejecutivo y no recibir repuesta, lanzamos un boicot nacional contra Taco Bell, que forma parte de Yum! Brands, la corporación más grande del mundo en la industria de la comida rápida.

Muchos se preguntaban cómo un pequeño grupo de campesinos podía enfrentarse a un gigante corporativo, ya que hasta ese momento ningún sindicato u organización había logrado que compañías como Yum! Brands rindieran cuentas por sus acciones, las cuales afectaban a miles de personas. Taco Bell había afirmado públicamente que mediante su poder de compra podía imponer el precio que quisiera pagar por los tomates que consumimos. Para nosotros, todo estaba claro, y no nos sentíamos intimidados. Continuamos con nuestro mensaje, haciendo público el boicot contra Taco Bell.

Pero, por sobre todo, nuestro boicot se centraba en los jóvenes, el mercado objetivo de la industria de la comida rápida. Nos enfocamos en visitar escuelas: desde las escuelas primarias hasta las universidades más conocidas y respetadas del país. En los primeros meses del boicot, un grupo de estudiantes de la Universidad de Florida se mostró interesado y se comprometió a respaldar la campaña. Iniciaron su propio grupo, la Alianza de Estudiantes/Campesinos (*Student/Farmworker Alliance*), y su apoyo fue fundamental. Ayudaron a crear una red nacional para conectar a los estudiantes de todo el país y a llevar a cabo acciones directas contra las tiendas de Taco Bell en sus campus. También lanzaron la campaña Patea la Campana (*Boot the Bell*), que tenía como objetivo presionar a las administraciones de sus escuelas para que revocaran los contratos que tenían con Taco Bell.

A su vez, la CIW continuaba recibiendo apoyo de la comunidad religiosa de todo el país para la campaña. Así es como logramos que diferentes sectores religiosos aprobaran resoluciones en apoyo al boicot durante sus asambleas generales y alentaran a sus congregaciones locales a tomar acción contra los restaurantes de Taco Bell en sus comunidades, realizando protestas y enviando cartas a los gerentes de las tiendas. Nuestros aliados religiosos también ayudaron a que los accionistas propusieran resoluciones a favor del boicot en las reuniones de accionistas de Yum! Brands.

Tampoco podemos olvidar el apoyo que recibimos de las organizaciones sin fines de lucro y de los sindicatos, tanto a nivel local como nacional. Sería imposible mencionar a todos los sindicatos y organizaciones que respaldaron el boicot.

Luego de que los estudiantes lograran revocar alrededor de veinticinco contratos con Taco Bell en sus campus; de que personas de diferentes estratos sociales marcharan con nosotros para ocupar las calles de Irvine, California, (sede de Taco Bell), y tras cuatro giras nacionales que cruzaron el país desde Immokalee hasta California, bajo el lema de La Verdad sobre Taco Bell (*The Truth About Taco Bell*); luego de todos esos esfuerzos fue que pudimos sentarnos a negociar un acuerdo con los ejecutivos de Taco Bell. Nos tomó cuatro años de lucha, pero lo logramos junto con un diverso grupo de aliados y con el apoyo de los trabajadores de Immokalee.

Taco Bell aceptó nuestras tres demandas: pagar un centavo más por cada libra de tomates de Florida que compraran; establecer un código de conducta con cero tolerancia para la esclavitud, el acoso sexual y el trabajo infantil; y permitir que los campesinos formaran comités de salud y seguridad para decidir cuándo dejar de trabajar si el calor extremo, las tormentas o los pesticidas hicieran que las condiciones laborales se tornaran inseguras. También se incluyó el derecho a tener sombra en el trabajo para protegerse del sol, y el derecho a presentar quejas sin miedo a ser despedido, entre muchos otros derechos que las leyes federales o estatales no les otorgan a los campesinos.

El acuerdo con Taco Bell fue el primero en una serie de victorias bajo el lema de Campaña por Comida Justa (*Campaign for Fair Food*). En 2007, McDonald's se convirtió en el segundo gigante corporativo en firmar un acuerdo con la CIW. Se sentaron a la mesa para aceptar el acuerdo y nuestras tres demandas sin necesidad de un boicot. Le siguieron Burger King, Subway, Whole Foods, Bon Appetit, Compass Group, Aramark y Sodexo. Con la participación de estas nueve corporaciones en nuestros Acuerdos de Comida Justa, nos encontramos ahora en los albores de una nueva era para la industria agrícola, donde podemos brindarles una nueva esperanza a miles de campesinos.

En Noviembre del 2010—quince años después de que lleváramos a cabo la primera huelga general en Immokalee, exigiendo un dialogo directo con los productores, sin obtener respuesta—, finalmente nos sentamos a negociar con el presidente de la Bolsa de Productores de To-mate de Florida (*Florida Tomato Growers Exchange*), que representa al 90% de los productores de tomate de Florida. La Bolsa de Productores firmó nuestro acuerdo y aceptó el mismo código de conducta que las nueve corporaciones antes mencionadas. También acordaron repartir el centavo extra por libra a los trabajadores cada semana, y aceptaron que una organización independiente se encargara del monitoreo del código y de la auditoria del centavo extra por libra.

Un nuevo sol comienza a brillar. Lo más importante es que todo lo hemos creado juntos, como campesinos organizados y representados por la Coalición de Trabajadores de Immokalee y con el apoyo del pú-blico en general, un público que ahora es más consciente y cuidadoso con lo que consume.

Pero nuestra historia no ha terminado. Nos falta un eslabón en la cadena del consumidor para completar nuestro cambio. Este último eslabón también tiene que responsabilizarse, y no podemos dejarlo exe-nto. Es hora de que los supermercados cumplan su parte y firmen nues-tro acuerdo de comida justa, y también es hora de que los trabajadores inmigrantes se unan y se organicen para hacer todo esto una realidad.

Cómo Me Convertí en una Persona de Color
La Organización de Negros & Mestizos en Nueva Orleans post-Katrina

Dennis Soriano

CENTRO DE TRABAJADORES POR LA JUSTICIA RACIAL DE LA NUEVA ORLEANS

Tenía dieciocho años cuando llegué a los Estados Unidos desde Honduras. Tuve que cruzar México en tren y luego cruzar la frontera entre México y Estados Unidos, donde mucha gente muere de hambre, frío o es secuestrada. La experiencia de venir a los Estados Unidos cambió mi vida. Todavía era joven y mi familia dependía de mí. Era muy unido a mi familia, y esta era la primera vez que los dejaba. Me sentía solo, pero tenía que hacerlo—por mí y por toda mi familia.

En Honduras, tenía una imagen positiva de los Estados Unidos. Y en la televisión, todo parecía inmaculado. Me imaginaba con mi propia casa, en un país donde la pobreza no existía, donde todos eran ricos, donde todos tenían dinero. Sabía que había latin@s y afroamerican@s, pero también pensaba que la mayoría de la gente era blanca.

Mi primer trabajo en los Estados Unidos (lavando platos en un restaurante Tex-Mex en Tennessee) me introdujo a la realidad del país. Trabajaba de 9 a 2 a. m. por $300 dólares a la semana. En aquel tiempo, pensaba que era normal trabajar por 3 ó 4 dólares la hora. No sabía cuál era el salario mínimo o cuáles eran mis derechos. Más tarde descubrí que lo que ganaba apenas me alcanzaba para cubrir mis gastos, así que obviamente no ganaba lo suficiente. Esto no era lo que me había imaginado.

Mientras trabajaba en el restaurante, el huracán Katrina arrasó Nueva Orleans. Pronto se supo entre la comunidad inmigrante que el huracán había abierto muchas oportunidades de trabajo, así que me fui de Tennessee y comencé a trabajar en la industria de la construcción, donde aprendí más sobre la realidad de los Estados Unidos.

Existe mucha explotación en la industria de la construcción. Luego de trabajar para una compañía por solo $150 dólares al día, empecé a ir a las esquinas a trabajar como jornalero. En las esquinas había un abuso desenfrenado. Los empleadores que a menudo te recogían no te pagaban, no te daban agua, ni tiempo para comer ni descansos. Si te quejabas de estas condiciones, el patrón amenazaba con llamar a *la Migra* o a la policía. Todos los jornaleros trabajábamos entre diez y doce horas por día. Sin embargo, seguía creyendo que este tipo de explotación era normal, que era parte del sistema.

Además del abuso de los empleadores, los jornaleros también sufrían discriminación en las esquinas por parte de la policía. Como jornalero, tienes a la policía constantemente detrás de ti. Solían decirnos: "No puedes pararte allí. Ve a buscar trabajo a otro lado. Esto es propiedad privada". La policía también arrestaba a los jornaleros solo por estar en las esquinas. Y como si eso fuera poco, en Nueva Orleans también nos hostigaba la Guardia Nacional. Tiempo después, los agentes de inmigración comenzaron a hacer redadas en las esquinas. Nos sentíamos rodeados por todas partes.

El abuso que sufrimos como jornaleros parecía injusto, pero con tantas cosas sucediéndote al mismo tiempo, comienzas a pensar que es parte de la vida del inmigrante indocumentado. Comienzas a sentir que no vales nada. Quería cambiar las cosas, pero no sabía cómo o siquiera si era posible. Todo esto cambió cuando me involucré en el Centro de Trabajadores por la Justicia Racial de Nueva Orleans (*New Orleans Workers' Center for Racial Justice*).

Un día, mientras esperaba en la esquina por que apareciera algún trabajo, unos organizadores del Centro de Trabajadores de Nueva Orleans vinieron a hablar con los jornaleros. Ya los había visto antes. Se acercaban a las esquinas y nos invitaban a sus reuniones, pero nunca les había prestado mucha atención. Pensaba que no tenía tiempo para organizarme, que era una pérdida de tiempo. Estaba ocupado pensando en cómo mantener a mi familia en Honduras. Pero aquel día en particular, no podía encontrar trabajo, así que comencé a hablar con los organizadores. Mientras hablábamos, llegó una docena de patrullas de la policía y arrestó a veinte jornaleros, incluyéndome a mí. Pasamos entre doce y catorce horas en la cárcel, hasta que el Centro de Trabajadores, junto con otros aliados de la comunidad, reunió el dinero para liberarnos bajo fianza. Cuando vi todo lo que el Centro de Trabajadores de Nueva Orleans hizo por los otros jornaleros y por mí, decidí comenzar a participar.

En Honduras, trabajaba con los jóvenes para apoyar a los sindicatos y para trabajar con el gobierno; por lo tanto, ya tenía algo de experiencia realizando tareas organizativas, lo cual me llevó a convertirme en miembro activo del Centro de Trabajadores. Comencé a asistir a reuniones organizativas y a pequeñas conferencias, y luego de seis meses me convertí en dirigente, brindándoles apoyo a los organizadores en las esquinas. Llamaba por teléfono a otros trabajadores para invitarlos a las reuniones, y más tarde comencé a armar las agendas de las reuniones y a preparar campañas. Luego de un año de estar involucrado activamente, me convertí en organizador del Centro de Trabajadores.

En el Centro de Trabajadores por la Justicia Racial de Nueva Orleans, tenemos una variedad de programas, pero uno de los aspectos más significativos de nuestra organización es nuestro trabajo con la comunidad afroamericana. Organizarnos juntos como gente pobre y de color es esencial para nuestro trabajo, a fin de obtener justicia racial. No vemos a estos esfuerzos como actos de solidaridad entre la comunidad latina y la comunidad afroamericana, sino más bien como un trabajo entre compañeros.

En Honduras, supuestamente tenemos tres tipos de razas: indígena, mestiza o de raza mixta (lo cual es una mentira porque son indígenas) y la comunidad negra. Según aquellos en el poder en Honduras, los negros son criminales vagos, y los indígenas, estúpidos. Cuando llegué a los Estados Unidos, escuché exactamente lo mismo. Nos dicen estas cosas, particularmente los blancos en posiciones de poder, para crear divisiones, para evitar que la gente pobre y de color trabaje unida. Saben que pueden mantener su poder si nos dividen, y entienden que, si los latinos y afroamericanos luchamos junt@s, tendremos más posibilidades de alcanzar la justicia, la dignidad y la paz en nuestras comunidades. Ambos apoyamos este sistema de opresión cuando creemos en estas divisiones, y es por eso que debemos crear alianzas, educarnos y trabajar juntos.

La lucha por la justicia racial es crítica, pero también debemos ser realistas. Existen serias divisiones dentro de nuestras comunidades y entre sí. En la comunidad afroamericana, mucha gente cree que los inmigrantes les están quitando sus trabajos, y en la comunidad latina existe la creencia de que los negros no quieren trabajar, que son drogadictos vagos. Sabemos que estas divisiones existen, por lo tanto tenemos que crear diálogos dentro de nuestras comunidades y entre sí. Debemos sentarnos y hablar entre nosotros.

Un aspecto crucial del diálogo entre la comunidad latina y la afroamericana debería centrarse en comprender la forma en que el racismo internalizado se expresa en nuestras comunidades. Por ejemplo, cuando los latinos nos referimos a las "personas de color", muchas veces pensamos que el término sólo se refiere a los afroamericanos o a los negros. Pero eso no es verdad. Todos los que no somos blancos somos gente de color, incluidos los latinos, indígenas, y asiáticos—tod@s somos gente de color. Deberíamos estar orgullosos de quienes somos. Yo soy una persona de color. Soy latino, y estoy orgulloso de ser quien soy, de donde vengo. Y sé que no soy inferior a los blancos por ser una persona de color.

En el Centro de Trabajadores, nos esforzamos por cambiar las perspectivas que han dividido a nuestras comunidades. Para mí, esta ha sido una experiencia hermosa. He visto lo que se puede lograr cuando estas dos comunidades trabajan juntas. Cuando celebramos nuestro Congreso de Jornaleros y se acercan jornaleros del Área Metropolitana de Nueva Orleans, la comunidad afroamericana está allí, apoyándonos. Se han unido a nuestra lucha durante nuestra campaña por ¡El Derecho a Quedarse! (*Right to Stay!*), mediante la cual se intenta evitar que la policía y el sheriff continúen actuando como autoridades migratorias, y también han participando en vigilias afuera de las oficinas del Servicio de Inmigración y Control de Aduanas. A su vez, nosotr@s también apoyamos a la comunidad afroamericana en sus luchas. Cuando ell@s luchan por el derecho a una vivienda o por el derecho a obtener trabajos del gobierno local, nosotr@s estamos allí, trabajando a su lado. Y en el Día Internacional de los Trabajadores, el Primero de Mayo, también marchamos juntos.

Comprendemos la necesidad de estar unidos. Tenemos que organizarnos juntos contra los sistemas que oprimen a nuestras comunidades, pero también tenemos que comprender que las luchas que enfrentamos son únicas y que compartimos afinidades. De esta manera podemos comenzar a trabajar juntos para construir poder.

Los afroamericanos han sufrido discriminación desde que llegaron a los Estados Unidos. Primero fueron esclavos, y después, cuando se abolió la esclavitud, el gobierno continuó maltratándolos y discriminándolos por puro racismo. En mi opinión, está claro que aunque tengas papeles, si eres una persona de color, este gobierno continuará tratándote como inferior a los blancos. Los latinos no llegamos a este país como esclavos, pero nos han forzado a venir aquí debido a los tratados de libre comercio. Cuando llegamos a este país, nos encontramos con leyes antiinmigratorias, con racismo y discriminación. Por lo tanto, los latinos y los afroamericanos no pelean en dos frentes distintos: están juntos en la misma lucha. La supuesta diferencia yace en el hecho de que la comunidad afroamericana tiene papeles y nosotr@s no. Sin embargo, aun con una reforma migratoria, seguirán tratándonos como ciudadanos de segunda clase, lo cual es precisamente la realidad que vive la comunidad afroamericana en la actualidad, sin importar que tengan papeles.

Por lo tanto, tengamos papeles o no, la gente pobre y de color tiene que luchar por sus derechos. No importa de dónde vengas; ya sea de México, Honduras, El Salvador o de donde sea: todo ser humano tiene derecho a ser remunerado por su trabajo, a recibir tratamiento médico en un hospital en caso de estar enfermo, a una familia, a vivir con dignidad y a vivir donde uno elija. Tenemos que superar ese miedo que nos dice: "No puedo ir a la marcha porque no tengo papeles. Me van a arrestar". El miedo alimenta al sistema que nos explota. Tengamos papeles o no, tenemos el mismo derecho a ser tratados como seres humanos. Pero para ser tratados de esta manera, tenemos que organizarnos y luchar juntos. Y para asegurar un cambio verdadero, debemos liderar nuestra propia lucha. Lo he aprendido por experiencia propia.

El proceso organizativo me ha cambiado para siempre. He dejado de ser una persona que sólo piensa en sí misma. Me he comprometido a organizarme para cambiar este sistema. Ya no soy la misma persona que llegó a este país sólo para trabajar y ayudar a su familia. Y esto ha significado un cambio radical en mi vida. Ahora sé que si quiero estar en este país y ser tratado como igual, tengo que luchar. Nadie va a luchar por mí. Tengo que hacerlo yo mismo, con mi comunidad. Si quiero iguales derechos, si quiero dignidad en el trabajo, tengo que hacer que suceda. Tenemos que lograr que eso suceda.

Continuamos Soñando

Manuel Ramírez

Cuando llegué de México a este país, entré al segundo grado sin tener
idea de las dificultades que enfrentaría. Mi familia se había mudado a
un pueblo rural de Texas donde la mayoría de sus habitantes eran blancos, y por primera vez en mi vida no sabía qué esperar ni cómo comunicarme con mis compañeros, quienes hablaban un idioma diferente.
Ese fue el peor día de mi vida.

Fui obligado a adaptarme a una serie de choques culturales: no
podía hacer amigos, tenía miedo, y no podía expresar mis temores.
Tenía una voz—pero no era una voz que los demás comprendieran.
Durante la hora de almuerzo me sentaba solo, mirando en silencio la
comida grasosa que ofrecían en la escuela. En México, siempre había
sido carismático y extrovertido pero, a pesar de mis aptitudes para so-
cializar, no tenía idea sobre cómo iniciar una conversación en inglés.

Adaptarme a este nuevo ambiente también afectó mi cuerpo. A
diferencia de la dieta de nopales y frijoles que solía llevar en México,
la dieta norteamericana tenía un alto contenido de grasas y, como

consecuencia, aumenté muchísimo de peso. No me sentía atractivo, y mi autoestima se fue en picada. Odiaba esta nueva vida. No sabía por qué mis padres habían emigrado aquí, puesto que era tan difícil adaptarse. Me preguntaba: "¿Por qué no pudimos quedarnos en México y vivir la vida a la que estábamos acostumbrados?".

Cuando caminaba por los pasillos de la escuela, escuchaba murmullos. Del poco inglés que había aprendido podía discernir los apodos que me atribuían los estudiantes, lo que decían de mí y de mi familia. Algunos de mis compañeros y amigos que hablaban español bromeaban conmigo y me decían "mojado" o "ilegal". En aquel entonces me reía, pensando que eran apodos inocentes y que, como eran mis amigos, no querrían lastimarme. Ahora puedo ver que sus intenciones eran otras, teniendo en cuenta la manera en que estaba constituido el pueblo donde vivía y su falta de contacto con inmigrantes latin@s. No entendían las circunstancias que llevaron a mi situación ni el significado detrás de sus palabras, porque nunca les habían dicho lo mismo. Había cruzado la frontera con mi familia en busca de una vida mejor, y ahora se me discriminaba por ello. Su ignorancia era la causa de mi dolor y de mi pesar. No fue hasta que aprendí a hablar inglés que dejaron de molestarme.

Comencé a hacer amigos en la primaria. Incluso me volví muy querido y popular. Pero, aun así, enfrentaba barreras constantes, y todo el tiempo me recordaban que era diferente de mis compañeros. La preparatoria fue una experiencia más o menos normal. Participaba activamente en varias organizaciones escolares y hacía deportes. Sin embargo, todavía no podía hacer muchas de las cosas que mis compañeros sí, como obtener una licencia de conducir, por ejemplo. Pero aprendí a vivir con ello y no le di mucha importancia, ya que mis amigos podían llevarme a todas partes.

Siempre fui sincero con mis amigos y maestros sobre mi estatus de indocumentado. Era importante para mí discutir abiertamente sobre mi estatus migratorio, porque iba en contra de la idea típica que tenían en la escuela de que un inmigrante indocumentado era un criminal vago e ignorante. Es por eso que muchos de mis maestros y amigos sabían de los desafíos que enfrentaba. En la preparatoria me fue muy bien académicamente, y durante mi tercer año obtuve la tercera nota promedio más alta de la clase. Debido a mis altas calificaciones, me ofrecieron tomar clases de doble crédito, clases de nivel universitario que contaban como crédito de preparatoria y de universidad al mismo tiempo. Cuando fui a ver a mi consejera para inscribirme en estos cursos, me dijo que no podía asistir porque era indocumentado. Me sentí derrotado, y su falta de ayuda me hizo sentir que no le importaban los estudiantes indocumentados.

Veía estas clases como un paso adelante para alcanzar mi sueño de ir a la universidad. Dado que ni siquiera podía asistir a estos cursos en la preparatoria, ir a la universidad me pareció imposible. No recibiría la misma ayuda que mis compañeros, y tendría que aprender por mi cuenta a hacer todo lo necesario para ingresar a la universidad.

Afortunadamente, la madre de mi novia en aquel entonces me ayudó a descubrir la Iniciativa de Liderazgo Universitario (ULI, por sus siglas en inglés), un grupo activista de estudiantes indocumentados de la Universidad de Texas en Austin (UT), que me guió a lo largo del proceso de inscripción a la universidad. Descubrí que podía asistir a los cursos de doble crédito y que, en Texas, mi estatus de indocumentado no tenía por qué representar ninguna barrera permanente para continuar con mi educación.

Durante el otoño de mi último año en la preparatoria, volví a visitar a mi consejera y le entregué toda la documentación necesaria para inscribirme en el programa de cursos de doble crédito. Le dije que sólo necesitaba que firmara los papeles, y así lo hizo. Aprendí a no depender de los demás para que hicieran las cosas por mí, y lo único que le pedí fue que enviara mi certificado de calificaciones al final del año.

Una vez que comencé a asistir a la Universidad de Texas en Austin, me involucré en la ULI. Por primera vez, estaba rodeado de personas como yo, personas que tenían las mismas luchas. Era una comunidad segura y acogedora. Ser honesto sobre nuestra condición de indocumentados forma parte de nuestro movimiento por los derechos de los inmigrantes. Era algo a lo que ya estaba acostumbrado en la preparatoria, pero ahora en la universidad la diferencia estaba en que me encontraba rodeado de otros estudiantes indocumentados empoderados. Poder compartir mi historia y tener la oportunidad de reclutar y movilizar a otros estudiantes indocumentados ha sido una experiencia que cambió mi vida y la de muchos otros jóvenes indocumentados, cuyos esfuerzos organizativos han producido cambios históricos en las políticas migratorias.

El 15 de junio de 2012, el presidente Obama anunció una nueva política para ayudar a los jóvenes indocumentados llamada Acción Diferida (*Deferred Action*), la cual brinda legalización temporaria y asistencia a muchos jóvenes indocumentados en los Estados Unidos. Esta decisión les permitiría a los estudiantes obtener un permiso de trabajo durante dos años, pero solo después de cumplir con ciertos requisitos, como por ejemplo, no tener más de treinta años y haber residido en el país desde los dieciséis, haberse graduado de la preparatoria, haber obtenido un diploma de desarrollo educacional—equivalente al diploma de preparatoria—o haber servido en el ejército. La decisión ha generado sentimientos encontrados en la comunidad inmigrante, ya que solo beneficiaría a ciertos individuos, a aquellos que van a contribuir al sistema capitalista del país de una forma u otra. La decisión podría beneficiarme personalmente, pero la comunidad en general continuará luchando y mis padres todavía podrían ser deportados.

La solución a corto plazo de Obama ayudará a 800.000 jóvenes inmigrantes, y es un paso adelante para cumplir los objetivos de la comunidad inmigrante de legalizar el estatus de los más de once millones de indocumentados en el país y detener la separación de las familias y la elaboración de perfiles raciales delictivos. No obstante, aún no queda claro si la Acción Diferida se extenderá más allá de la administración Obama. Como comunidad, nos enfrentamos a una lucha a largo plazo. Tenemos que aprovechar la decisión de Obama para presentar demandas más radicales, a fin de obtener una verdadera liberación para nuestra comunidad. Podríamos detener al movimiento, conformándonos con los permisos de trabajo de dos años, entregados solo a aquellos que califiquen, a aquellos supuestos inmigrantes indocumentados "modelo". Pero eso no hará que se produzca el verdadero cambio que nuestra comunidad necesita.

Tenemos que aprovechar la decisión del 15 de junio para exigir oportunidades educativas sin importar el estatus migratorio, para detener la separación de nuestras familias mediante deportaciones y poner punto final a los perfiles raciales que criminalizan a nuestra juventud. Estas demandas tienen el potencial de generar una reforma masiva.

También debemos aprovechar este momento y vencer el miedo a estar indocumentados. Tenemos que hacerle saber a todos los indocumentados que cuentan con una comunidad que los apoya, y para ello debemos participar en las organizaciones locales que hacen que un cambio político sea posible. Por ejemplo, Acción Diferida nunca hubiera sido posible sin la participación de miles de organizadores y organizaciones de todo el país que involucraron proactivamente a sus comunidades en la lucha por estas exigencias. Tenemos que lograr que una mayor cantidad de personas participen en las organizaciones locales que han formado parte de la ola de cambios que experimenta el país.

También resulta esencial aprender sobre otras luchas y construir relaciones entre las comunidades. Hay muchas intersecciones en este movimiento, como la problemática *queer* y la de los indocumentados. Por lo tanto, no se trata de luchas aisladas, y necesitamos estar unidos en la lucha. Tener papeles no disminuirá la probabilidad de que nos discriminen con perfiles raciales delictivos. Este es un momento en el cual reforzar nuestro movimiento resulta crucial, y creo que tanto nosotros como el resto de los once millones de inmigrantes somos los únicos que podemos cambiar las condiciones materiales de nuestra situación.

Aquellos que se beneficien con la nueva política de Acción Diferida del presidente Obama deben continuar liderando e impulsando al movimiento. Hay que aclarar que la Acción Diferida no les otorgará papeles a los DREAMers, pero sí les permitirá ejercer su profesión y obtener empleo durante dos años. Esta política es el viento necesario que avivará el fuego del movimiento otra vez. Uno de los aspectos más poderosos e importantes de esta política es que disminuye el miedo que siente la juventud indocumentada. Se sentirán más libres de participar, sin miedo a repercusiones. Como resultado, los inmigrantes indocumentados podrán continuar organizando y construyendo nuestra base de apoyo, sin miedo a ser deportados.

Ser indocumentado es cada día más aceptado. Por lo tanto, ya no tenemos miedo de compartir nuestras historias y salir en la primera plana de los periódicos. Incluso existe una línea de ropa llamada *Undocumented Apparel,* que utiliza citas de DREAMers de todo el país. Hace poco llevé puesta con orgullo mi remera con la frase "Indocumentado y Sin Miedo" (*Undocumented and Unafraid*) mientras viajaba por todo el país. Si bien deberíamos celebrar este cambio cultural, donde el inmigrante indocumentado modelo es más aceptado, tenemos que permanecer críticos porque esta perspectiva todavía excluye a personas como mis padres, muchos de mis amigos y al resto de los once millones de indocumentados en los Estados Unidos.

Todavía nos queda un largo camino por delante. En mi opinión, creo que apoyar la reelección de Obama significó evitar a Romney, que aseguró que vetaría la Ley DREAM. No obstante, debemos hacer que Obama se responsabilice por sus promesas a los inmigrantes durante su mandato, a diferencia de años anteriores donde no ejercimos la presión suficiente como para que cumpliera con su prometida reforma migratoria—lo cual podría ser la razón por la que su administración es responsable de una mayor cantidad de deportaciones que la administración Bush. Sé que esta vez su gobierno será diferente, porque ejerceremos una mayor presión por una reforma migratoria permanente y sustentable que les permita a nuestras comunidades estar unidas, ser miembros iguales de la sociedad y mediante la cual se respeten nuestros derechos como seres humanos de pleno derecho.

Además, para conseguir un estatus legal pleno tenemos que desafiar el ideal estadounidense de lo que se considera socialmente aceptable, de lo que significa ser un miembro productivo de la sociedad. Es cierto que mi experiencia es una de las incontables historias exitosas de inmigrantes "modelo" abanderadas por el movimiento DREAM, y que probablemente sea uno de los 800.000 jóvenes que califiquen para obtener un permiso de trabajo de dos años. Sin embargo, continué con mi educación en agradecimiento a mis padres, quienes tuvieron la osadía de darme lo que ellos nunca tuvieron. Y, a medida que me concientizo políticamente, voy aprendiendo sobre la forma en que el sistema se construye para asegurar que personas como yo permanezcan oprimidas para beneficio de otros. Ahora veo que mi futuro es romper con estas estructuras de opresión y explotación. Considero que mi papel está en ayudar a que mi comunidad y otras personas oprimidas luchen por más. Estoy dedicado a alcanzar un cambio social amplio porque entiendo que no seré libre hasta que todos lo seamos. Debemos utilizar la reforma migratoria como una herramienta para ejercer presión por un cambio más profundo, incluida una solución permanente a este paupérrimo sistema migratorio.

Mi visión del mundo ha cambiado al haber aprendido sobre las diferentes luchas sociales. Aprender sobre la historia de las luchas en los Estados Unidos me emociona muchísimo, tanto es así que me hace derramar lágrimas de rabia por la forma en que se ha tratado al pueblo en este país. Ver los segmentos de noticias sobre la Coalición de Trabajadores de Immokalee me trae recuerdos de cuando en México mis padres tenían que trabajar jornadas de diez horas por 2 ó 3 dólares la hora solo para poder alimentarnos. Estos trabajadores han sufrido esclavitud, y muchas mujeres han sido víctimas de abusos físicos y sexuales.

El solo hecho de pensar que mi madre pudo haber sufrido lo mismo hace que me hierva la sangre. Esta rabia contra la injusticia es lo que me motiva a ser un mejor organizador, para poder proteger a cada madre, a cada padre y a cada hij@ que sufra explotación. Como organizador, me aseguraré de que marchemos por todo el país, de que continuemos organizando acciones directas, llamando a nuestros políticos, compartiendo nuestras historias, nuestro arte, y de que continuemos desafiando las expectativas sociales que nos han impuesto. Les haremos saber a todos que aquí estamos, que existimos y que tenemos derechos al igual que cualquier otro ser humano.

Para poder cambiar los conceptos sobre quién califica para tener papeles o quién lo merece, necesitamos exponer, educar y empoderar a los que nos rodean. Tenemos que dejar claro que no se trata de una simple cuestión inmigratoria, sino de racismo y de la separación de las familias. Tenemos que educar a nuestra comunidad para que participe activamente en el movimiento y, sobre todo, empoderar a todos aquellos directamente afectados para que puedan estar a la vanguardia del movimiento. Esta es una lucha de ideas, y buscamos que se reconozca nuestro derecho a ser libres y plenamente humanos. Nuestro movimiento está vinculado con otros movimientos que buscan justicia y sufren injusticias. Sin embargo, tenemos que continuar luchando y creciendo hasta que podamos lograr nuestra completa liberación.

No luchamos para ser doctores, abogados ni políticos. Luchamos para tener una voz colectiva y así lograr un verdadero cambio social. No todos quieren o tienen la posibilidad de ir a la universidad, pero todos quieren ser valorados por lo que son. Pienso que todo aquel que contribuye a nuestra sociedad es igual de valioso; mi madre, que limpia las casas de aquellos blancos adinerados, merece tener papeles tanto

como yo, y voy a luchar hasta que ella y todos los que estén en su misma
situación sean tratados como miembros iguales de nuestra sociedad.
Este movimiento no busca solamente obtener papeles para ir en pos de
nuestros objetivos personales en la vida. Se busca la liberación colectiva
de nuestra comunidad. Tenemos que sacar provecho de las políticas de
Acción Diferida para expandir la definición de derechos humanos y
luchar por una agenda más transformadora a través de una reforma migratoria que responda al racismo latente que nos ha ocasionado tanto
maltrato en este país. Esta política no es la respuesta a nuestras exigencias, y no nos van a engañar con pequeñas concesiones de libertad. Una
reforma migratoria es simplemente un paso hacia nuestro objetivo último: la liberación.

Haberme involucrado en el movimiento DREAM me abrió muchas puertas. Tuve la oportunidad de realizar prácticas en el Proyecto Defensa Laboral, una organización sin fines de lucro enfocada en
lograr que los trabajadores inmigrantes latinos puedan obtener igual
trato en el trabajo, sin importar su estatus migratorio. Mis prácticas
en organizaciones a favor de los derechos de los inmigrantes como
Proyecto Defensa Laboral me han ayudado a comprender mejor la
desigualdad y la discriminación. Estas oportunidades, como haberme
involucrado en la Iniciativa de Liderazgo Universitario, me han per-
mitido crecer políticamente y aprender sobre problemas de justicia social más amplios y complejos. He aprendido sobre cómo las políticas
en este país se construyen para beneficio de ciertos grupos a costa de
los demás. He aprendido sobre otras luchas, y no sólo sobre la lucha
de los indocumentados; también he aprendido sobre cómo la gente de
color es oprimida de alguna forma u otra. Seas trabajadora doméstica,

obrero de la construcción, estudiante, LGBT o una persona de color, tod@s sufrimos injusticias y tod@s luchamos. Y este es un momento de grandes oportunidades para que las comunidades se unan, para conectar nuestras luchas y pelear por la liberación colectiva de tod@s l@s oprimid@s.

Luego de vivir toda una década en este país como persona de segunda clase, hago hincapié en todo lo que he aprendido para poder conectar mi lucha con las luchas a largo plazo de otros pueblos marginados. El desafío y, a su vez, el regalo más importante que he tenido ha sido organizarme junto con mi comunidad para cambiar la realidad en que vivimos. A través de esta increíble lucha personal, que he vivido junto a otros once millones de personas, he descubierto mi dedicación a largo plazo para luchar y lograr un cambio social real, construyendo el poder político y la voz de mi comunidad. Pero, por sobre todo, he aprendido que mi voz solo cobra poder cuando resisto junto a otros, cuando mi voz es una entre muchas otras.

La Diferencia Cooperativa

Ivette Meléndez

Al igual que muchos inmigrantes, cuando llegué a los Estados Unidos tuve diferentes empleos. En 1995, llegué a East Palo Alto, California, desde El Salvador con mi hijo de dieciocho meses, y trabajé en diferentes lugares: desde una casa de retiro como auxiliar de enfermería, hasta diferentes hogares como niñera. Pero donde aprendí las lecciones más difíciles, lecciones que me han servido durante los dieciocho años que he vivido en este país, fue trabajando para una gran compañía de limpieza.

La compañía era subcontratista de una de las universidades más prestigiosas de East Palo Alto y tenían una manera muy particular de atraer empleados. Básicamente decían: "¿No hablas inglés? ¿No puedes conducir? ¿No tienes experiencia? ¡No hay problema!". En aquel momento, eso era exactamente lo que necesitaba. Decían que iban a pagarme y a alimentarme. Parecía el "sueño americano".

Todas las mañanas pasaban a buscarme entre las 5:30 y las 6:00 a. m. Luego de recoger a todos los trabajadores por la ciudad, comenzábamos a trabajar alrededor de las 8:00 a. m. El trabajo era muy sencillo, y consistía en limpiar los dormitorios de los estudiantes que estaban de vacaciones entre los semestres. Los trabajadores como yo, con menor antigüedad en la compañía, teníamos que limpiar los baños, el cuarto más difícil. Debíamos terminar de limpiar todo diez minutos antes del tiempo estipulado por el patrón. Si no terminábamos a tiempo, no nos invitaban de nuevo al siguiente día. El trabajo era duro, y utilizábamos los productos de limpieza más tóxicos, como Ajax y Clorox. Trabajábamos sin guantes, sin máscaras, sin capacitación ni preparación. Creían que limpiar era la tarea más fácil del mundo, de modo que ni siquiera se molestaban en capacitar a sus empleados. Simplemente nos decían: "Si tienen hambre, limpien, y nosotros les daremos de comer". De acuerdo a esta lógica, y por necesidad, trabajé para la compañía durante dos semanas. Cada semana y cada día era lo mismo.

Entre cada lugar de trabajo, el chofer de la camioneta nos ofrecía comida rápida, casi siempre de McDonald's. Nos entregaba una bolsa con comida rápida y compartíamos lo que había entre tod@s. La comida siempre estaba fría, pero la comíamos igual. Luego me enteré de que la comida que nos daban era del día anterior. Los dueños de la compañía tenían una especie de acuerdo con los restaurantes de comida rápida, donde recogían la comida fría del día anterior para alimentar a sus trabajadores. Ese era el trabajo que tenía. Ese era el sueño que vivía.

Trabajé durante dos semanas, y me dijeron que recibiría mi primer cheque un lunes. Pero cuando el tan esperado cheque finalmente llegó, lo hizo con una sorpresa. Después de muchísimas horas de trabajo a poco más de $5 dólares la hora, descubrí cuánto me descontaba de mi cheque la compañía. Deducían impuestos, claro, pero también los costos de transporte, la paga del chofer, el costo de la comida rápida y fría, y hasta el costo de los productos que nos daban para limpiar. Pasadas las dos semanas, ni siquiera tenía lo suficiente como para pagarle a la persona que cuidaba a mi hijo mientras trabajaba, mucho menos para pagar mis cuentas.

Esa fue mi introducción a los Estados Unidos.

DESCUBRIENDO WAGES

Luego de tres meses de trabajar para la misma compañía, comencé a participar como voluntaria en una organización llamada Familias en Transición (*Families in Transition*) en East Palo Alto, un lugar desafiante con un alto índice de pobreza y una gran concentración de inmigrantes. En aquel tiempo, había muchos inmigrantes que acababan de llegar a los Estados Unidos, y Familias en Transición los ayudaba con todo lo relacionado a adaptarse al país.

Al principio, me acerqué a la organización en busca de una buena escuela para mi hijo. Sabía que lo primero que tenía que hacer era asegurarme de que mi hijo recibiera una buena educación mientras yo continuaba trabajando. Trabajé activamente como voluntaria en Familias en Transición y, debido a mi participación allí, me recomendaron a Acción de Mujeres para Obtener Seguridad Económica (WAGES, por sus siglas en inglés), una organización sin fines de lucro con sede en Oakland dedicada a promover el bienestar económico y social de mujeres de bajos recursos mediante cooperativas de trabajo, un modelo de negocio en el que los trabajadores son propietarios y controlan la compañía colectivamente.

Pronto comencé a trabajar con WAGES, uniéndome al primer grupo de mujeres para crear una cooperativa con la ayuda de la organización. Junto con otras cinco mujeres inmigrantes ayudé a fundar *Fantastic Fiesta*, una tienda de artículos para fiestas, propiedad de las trabajadoras.

A través de WAGES, recibimos más de dieciocho meses de capacitación intensiva, la cual incluía cómo iniciar un negocio en los Estados Unidos, cuáles eran nuestros derechos y responsabilidades como trabajadoras y propietarias de la cooperativa, cómo administrar un negocio y todos los aspectos sobre la gestión de una cooperativa exitosa.

Dividimos el trabajo de *Fantastic Fiesta* en áreas específicas y aprendimos mucho. Me convertí en directora de finanzas y mercadotecnia, y todas compartíamos entre sí los conocimientos que obteníamos para poder crear un equipo más fuerte. Durante nuestro primer año de operaciones fuimos muy exitosas. Recibimos muchísimo apoyo de la comunidad y trabajábamos muy bien juntas. Pero pronto comenzamos a tener problemas con nuestros proveedores en México. Por razones ajenas a nuestra voluntad, el precio de importación de nuestros insumos se volvió muy costoso y perdimos a algunos de nuestros proveedores.

En consecuencia, WAGES nos ayudó en la transición del negocio hacia un nuevo modelo. En lugar de enfocarnos en las ventas, ayudaríamos a otros a organizar fiestas y eventos. No obstante, luego de la transición nos dimos cuenta de que no había suficiente trabajo para mantenernos a las cinco, de modo que llegamos a un acuerdo. Dos de nosotras se quedarían con el negocio y tres se irían. Yo fui una de las tres que dejaron el negocio. Fue en ese entonces que comencé a trabajar en WAGES, donde he estado participando durante los últimos dieciocho años.

Al mismo tiempo que WAGES nos ayudó a lanzar *Fantastic Fiesta*, la organización realizó un estudio detallado sobre la industria de la limpieza y descubrió muchos de los abusos que viví durante mis primeros tres meses de trabajo en los Estados Unidos. También descubrieron dos puntos débiles clave en la industria. La más obvia era que los productos de limpieza que se utilizaban eran perjudiciales para los trabajadores, los clientes y el medioambiente. El otro descubrimiento, menos obvio, era que la idea de que cualquiera puede limpiar es un mito. La mayoría de nosotras limpiamos nuestra casa porque tenemos que hacerlo; pero, a fin de cuentas, limpiar es un arte.

Durante el proceso de creación de un nuevo modelo de negocios, mi experiencia personal de trabajo para la compañía de limpieza me ayudó a concientizar a WAGES sobre la naturaleza abusiva de la industria y las posibilidades de crear una alternativa.

Como resultado, WAGES lanzó *Non-Toxic*, una cooperativa de limpieza ecológica operada y liderada por cinco miembros. La cooperativa se enfocaba en la limpieza residencial con productos no tóxicos. Al principio, el concepto de "limpieza ecológica" les pareció algo extraño, pero pronto se dieron cuenta de que los productos eran mucho mejores no sólo para ellas, sino también para los clientes y el medioambiente. A pesar de haber comenzado lentamente, poco a poco fueron construyendo una base de clientes y aumentando su propia seguridad económica. Por medio de esta experiencia, WAGES aprendió algo muy importante: es más fácil obtener seguridad económica vendiendo servicios en lugar productos. De allí en adelante, WAGES se dedicaría a crear negocios de servicios, en especial, servicios de limpieza ecológica.

WAGES desarrolló un proceso de capacitación formal, al igual que un proceso para determinar la naturaleza del trabajo. Nuestro objetivo principal era ofrecer un servicio profesional para mantener la seguridad y la integridad de los miembros de la cooperativa como personas. ¿Qué significaba todo esto? Significaba que la cooperativa no aceptaría trabajos potencialmente perjudiciales para sus miembros, que utilizaríamos los productos menos dañinos en el mercado y que las integrantes del equipo estarían bien capacitadas y bien remuneradas. También significaba que se trabajaría en equipos de dos personas para protegerse entre sí y que las integrantes participarían del proceso de toma de decisiones de la cooperativa. Y, por último, que las trabajadores tendrían un mayor control sobre el horario de su trabajo y, por lo tanto, mucho más tiempo para estar con sus familias.

Desde la creación de *Non-Toxic*, WAGES ha lanzado cinco cooperativas de limpieza ecológica constituidas por trabajadoras latinas de bajos recursos alrededor del Área de la Bahía de San Francisco, entre ellas Emma's Eco-Clean, Eco-Care Professional House Cleaning, Natural Home Cleaning Professionals, Home Green Home y Natural Home Cleaning Contra Costa. Las cinco cooperativas forman parte de la red de cooperativas de limpieza ecológica Eco-Friendly Cleaning Co-op Network, la cual aboga por estándares sociales, medioambientales y empresariales entre las diferentes cooperativas participantes. Gracias a mi participación en WAGES, he podido contribuir a la creación de esta red de cooperativas.

LA DIFERENCIA COOPERATIVA

En 1998 me uní a WAGES como practicante y ayudé a planificar e implementar un programa de desarrollo cooperativo. Ahora llevo más de diez años en la organización como Capacitadora de Desarrollo de Cooperativas. Intento ir más allá de los límites de mi comunidad para compartir mi historia con otras mujeres inmigrantes y hablar sobre lo que significa formar parte de una cooperativa. También trabajo con otras cooperativas de la red en todos los aspectos del modelo cooperativo: el proceso democrático, la comunicación constructiva, el desarrollo de capacidades y el desarrollo personal.

Mucha gente de mi comunidad viene a este país a encontrar trabajo para poder llevar comida a la mesa todos los días. Y cuando les decimos que "vamos empoderarlos y a darles un espacio para crecer", su reacción es: "¿Están locas?". Por lo tanto, ser miembro de una cooperativa no es para tod@s.

En lo que a mí respecta, alcancé mi propio sueño americano a través de las cooperativas. Pero mi sueño americano no era una casa, una gran cuenta bancaria y ser dueña de un negocio. Si bien al principio no sabía cuál era mi sueño americano, dieciocho años después puedo decir que haber encontrado un lugar donde siento que soy aceptada y respetada, donde mis opiniones no siempre fueron las mejores pero sí fueron escuchadas, donde aprendí sobre mis derechos laborales y gracias al cual pude enviar a mi hijo a una buena escuela—ese ha sido mi sueño americano. Pude cubrir mis necesidades básicas y me sentí satisfecha en mi corazón. Todo esto lo he obtenido por medio de una cooperativa; al igual que mi autoestima, que me ha mantenido en pie durante tiempos difíciles, y una familia de compañeras de trabajo que me han apoyado en todo momento.

A pesar de que haber sido testigo de muchos beneficios al trabajar con cooperativas, también he visto muchos desafíos. Uno de los desafíos más importantes ha sido la transición de ser una empleada, a pasar a ser "trabajadora-propietaria". Much@s inmigrantes han trabajado bajo patrones abusivos, y tod@s cargamos con esa imagen del patrón. Much@s creen que ser patrón significa decirle a todos qué hacer e irse a casa con todo el dinero. Uno de los retos que enfrentamos a la hora de crear más cooperativas con comunidades de inmigrantes es borrar esa imagen del

patrón. En una cooperativa de trabajo, cuando eres el propietario, trabajas tan duro como los demás trabajadores-propietarios; te quedas horas
extra si es necesario y nunca te quitas el uniforme porque aun en tu tiempo libre piensas en el negocio. Como propietario, te quedas después
de hora en largas reuniones para poder tomar las mejores decisiones;
eres quien toma una parte justa cuando hay ganancias y también una
parte justa cuando hay perdidas. En otras palabras, ser trabajador y propietario en una cooperativa tiene muchas ventajas y beneficios, y puedes
ser exitoso, pero no sucede de la noche a la mañana.

En una cooperativa de trabajo, tienes que trabajar muchísimo más
duro. En un negocio común puedes tener éxito simplemente satisfa-
ciendo las necesidades del cliente, publicitando bien tus productos y
servicios, y generando ganancias. Pero en una cooperativa, tienes que
tener una comunicación sólida; formar parte de un proceso de toma
de decisiones informado, democrático y participativo, y contar con la
participación progresiva y el empoderamiento de los miembros.

Otro de los desafíos que enfrentamos es que muchos miembros de
nuestra comunidad no han tenido la oportunidad de recibir una educación formal ni ser propietarios de un negocio. Por lo tanto, necesitan
de una capacitación básica sobre cómo participar en una reunión de
hora y media, cómo jugar un papel positivo en dicha reunión, y cómo
ser puntuales y mantener un horario de trabajo. En otras palabras,
competencias básicas de la vida.

También tenemos el desafío de lograr un equilibrio entre aquellos
que sí han tenido una educación formal y aquellos que no. ¿Cómo creamos un espacio seguro para ambos grupos? ¿Cómo creamos un espacio
de igualdad cuando los grupos no se sienten iguales? Esto es fundamental,

ya que cada miembro de la cooperativa tiene el derecho de participar en la toma de decisiones y se busca que tod@s tomen decisiones informadas.

Más allá de las limitaciones en materia de educación y oportunidades, las cooperativas tienen que enfrentar otro problema; un problema de percepción en la comunidad latina e inmigrante. En Latinoamérica, se pueden escuchar muchos comentarios positivos sobre las cooperativas, pero también se habla del tipo que se fugó con todo el dinero de la cooperativa, de toda la corrupción. En definitiva, se ha abusado de la palabra *cooperativa* y se la ha utilizado erróneamente en muchos de nuestros países de origen; por lo tanto, debemos terminar con estas asociaciones erróneas.

A pesar de todos estos desafíos, las cooperativas representan una herramienta esencial para abordar muchos de los abusos que sufren l@s inmigrantes en este país. Mi experiencia personal de trabajo en una cooperativa me ha brindado un trabajo estable y una vida digna; me ha hecho capaz de pagar mis propios impuestos, y me ha dado el carácter moral a través de todo el conocimiento y educación que he recibido, además de la oportunidad de participar en diferentes proyectos progresivos. Ser miembro de una cooperativa significa dar un gran paso adelante; significa darse la oportunidad de tener una voz en el trabajo y poder decir: "Quiero desarrollar mis capacidades y aprender otras nuevas, y también darle una mano a los demás". Ser miembro de una cooperativa es algo mental y emocional, y desde lo más profundo de mi corazón me animo a alentar a otr@s inmigrantes a formar sus propias cooperativas de trabajo.

Biografías de los Editores

Cristina Tzintzún es Directora Ejecutiva del Proyecto Defensa Laboral, una organización estatal de membresía en defensa de los derechos de los trabajadores inmigrantes que ha estado logrando mejoras en las condiciones de trabajo de muchos residentes de Texas. Durante la última década, Tzintzún ha trabajado por la defensa de los derechos de los inmigrantes y por la obtención de una reforma migratoria integral. Su trabajo ha dado lugar a una investigación federal por parte de la Administración de Seguridad y Salud Ocupacional (OSHA) sobre la alta tasa de mortalidad en la industria de la construcción en el estado de Texas y a la aprobación de una ley estatal contra el robo de salarios, y ha generado la creación de empleos más seguros y con mejores condiciones para miles de trabajadores inmigrantes mal remunerados en Texas. Ha sido nombrada "Heroína del Nuevo Sur" por la revista *Southern Living* y ha obtenido el premio nacional de *Trabajadora Community Leader* del Consejo Laboral para el Avance Latinoamericano. Su trabajo ha recibido menciones en medios como *The New York Times, National Public Radio, MSNBC* y *USA Today*. Sus escritos previos sobre raza y género han aparecido en *Colonize This!: Young Women of Color on Today's Feminism* y *Yes Means Yes!: Visions of Female Sexual Power and a World Without Rape.*

Carlos Pérez de Alejo es Codirector de Cooperación Texas (*Cooperation Texas*), una organización dedicada a la creación de empleos sustentables mediante el desarrollo, apoyo y promoción de cooperativas, propiedad de los trabajadores, en Texas. Hijo de inmigrantes cubanos,

Pérez de Alejo ha estado involucrado en las luchas por los derechos de los inmigrantes como organizador comunitario con el Proyecto Defensa Laboral; como Gerente de Comunicaciones, con la Red de Vigilancia de Detenciones (*Detention Watch Network*); y como voluntario, en la Alianza de Estudiantes/Campesinos (*Student/Farmworker Alliance*). Posee un máster (MA) en Estudios Latinoamericanos de la Universidad de Texas en Austin, y sus escritos sobre inmigración, trabajo y cooperativas han aparecido en publicaciones como *Dollars & Sense*, *Yes! Magazine*, *Z Magazine* y *Left Turn*.

Arnulfo Manríquez nació en la Ciudad de Chihuahua y vivió en varias ciudades de México antes de trasladarse a los Estados Unidos en 2006. Tiene un título de Licenciado (BA) en Historia y Antropología de la Universidad de Texas en Austin, donde realizó investigaciones sobre los proyectos educativos mexicanos y su alineamiento con las políticas de gobierno. También fue becario del Centro de Investigación sobre Población, donde realizó investigaciones sobre los patrones migratorios internos. En la actualidad, se desempeña como organizador y Coordinador del Lugar de Trabajo en el Proyecto Defensa Laboral. Es también un músico consumado de jazz.

Support **AK Press!**

AK Press is one of the world's largest and most productive anarchist publishing houses. We're entirely worker-run & democratically managed. We operate without a corporate structure—no boss, no managers, no bullshit. We publish close to twenty books every year, and distribute thousands of other titles published by other like-minded independent presses and projects from around the globe.

The Friends of AK program is a way that you can directly contribute to the continued existence of AK Press, and ensure that we're able to keep publishing great books just like this one! Friends pay $25 a month directly into our publishing account ($30 for Canada, $35 for international), and receive a copy of every book AK Press publishes for the duration of their membership! Friends also receive a discount on anything they order from our website or buy at a table: 50% on AK titles, and 20% on everything else. We've also added a new Friends of AK ebook program: $15 a month gets you an electronic copy of every book we publish for the duration of your membership. Combine it with a print subscription, too!

There's great stuff in the works—so sign up now to become a Friend of AK Press, and let the presses roll!

Won't you be our friend? Email friendsofak@akpress.org for more info, or visit the Friends of AK Press website: www.akpress.org/programs/friendsofak

CPSIA information can be obtained
at www.ICGtesting.com
Printed in the USA
LVHW080313130320
649916LV00005B/62

9 781849 351669